OS (DES)CAMINHOS DE ÉDIPO

Blucher

OS (DES)CAMINHOS DE ÉDIPO

A resposta é o infortúnio da pergunta

Claudio Castelo Filho

Os (des)caminhos de Édipo: a resposta é o infortúnio da pergunta

Editora Edgard Blücher Ltda.

Publisher Edgard Blücher
Editores Eduardo Blücher e Jonatas Eliakim
Coordenação editorial Andressa Lira
Produção editorial Regiane da Silva Miyashiro
Preparação de texto Sérgio Nascimento
Diagramação Alessandra de Proença
Revisão de texto Karin Gutz
Capa Laércio Flenic
Imagem de capa Central Park West (acrílica sobre tela 100x80cm), de Claudio Castelo Filho

Blucher

Rua Pedroso Alvarenga, 1245, 4º andar
04531-934 – São Paulo – SP – Brasil
Tel.: 55 11 3078-5366
contato@blucher.com.br
www.blucher.com.br

Segundo o Novo Acordo Ortográfico, conforme 6. ed. do *Vocabulário Ortográfico da Língua Portuguesa*, Academia Brasileira de Letras, julho de 2021.

Dados Internacionais de Catalogação na Publicação (CIP)
Angélica Ilacqua CRB-8/7057

Castelo Filho, Claudio

Os (des)caminhos de Édipo : a resposta é o infortúnio da pergunta / Claudio Castelo Filho. – São Paulo : Blucher, 2023.

128 p.

Bibliografia
ISBN 978-65-5506-613-5

1. Psicanálise I. Título

23-4271 CDD 150.195

Índice para catálogo sistemático:
1. Psicanálise

À Rita e ao Eduardo.

À memória dos meus queridos pais, Claudio e Feli.

Ao Jorge, à Inês, à Tereza e à Ana.

À memória do Dr. José Longman.

A Cecil José Rezze.

À memória de Hermelinda Ramos Santos.

Aos meus colegas de (des)caminhos.

Aos meus pacientes que sempre me trazem desafios e me chamam para fascinantes viagens ao desconhecido.

Conteúdo

Prefácio

Paulina Cymrot[1]

Sinto-me honrada com o convite do meu querido amigo de tantas décadas, Claudio Castelo Filho, para escrever o prefácio deste criativo livro. O autor aproxima conceitos preciosos da psicanálise, como os (des)caminhos do Édipo, o estranho, o duplo, as memórias saturadas e as memórias futuras, e articula-os em sua prática clínica, apresentando com habilidade clínica a sua ideia de complexidade da mente, no campo analítico. Ao relatar suas viagens, seu trabalho clínico, o autor mostra sua cultura, sua narrativa poética, sua capacidade de captar a beleza em suas passagens e de encantar-nos com suas vívidas experiências emocionais.

No texto, Claudio nos apresenta uma experiência pessoal, na qual o estranho, o duplo e o familiar nele e a perplexidade de se ver refletido no espelho revelam recusa e aceitação, posteriormente

---

1 Analista didata da Sociedade Brasileira de Psicanálise de São Paulo (SBPSP), mestre e doutora em Psicologia Clínica pela Pontifícia Universidade Católica de São Paulo (PUC-SP).

descobertas a seu respeito, e humanidade, tolerando verdades de si. Parafraseando Freud e Bion o autor considera que, cotidianamente como estranhos a nós, apresentamos um(uns) estranho(s) aos nossos analisandos.

As dimensões da mente, sejam elas superficiais, primordiais, impensadas, ligadas ao infantil, às paixões loucas, à violência, convivem com aspectos evoluídos da mente. Tais estados estão em fluxo no encontro ↔ desencontro do sujeito consigo e com outros. Na análise, o psicanalista (idealizado, atacado, por vezes humanizado) apresenta o seu Eu ao Eu do analisando, mobilizando e sendo mobilizado por este: perplexidade, curiosidade, descoberta, desconcerto, surpresa, desconforto, aversão, interesse podem evoluir na sessão. Aspectos primitivos da mente podem surgir, como criativos.

A potencialidade, sempre desconhecida, seja do analista, seja do paciente, exerce-se no vínculo analítico a cada sessão. A análise do analista é condição fundamental para que este possa conter e vivenciar genuinamente a experiência emocional com o desconhecido em si e com cada analisando na sala de análise, a cada sessão. Para manter a atenção, a observação no campo analítico, a memória insaturada, o viés ético da psicanálise e a capacidade negativa, há dimensões de si que, conforme Claudio reconhece, precisam estar isentas de juízo de valor, viés moral e curativo. É necessário estar ciente da impossibilidade de ter uma intimidade total consigo mesmo e somente poder se aproximar do analisando por meio de sua interioridade.

Claudio nos lembra que a realidade é atravessada pela subjetividade e não está restrita ao que podemos perceber "por mais que nossos sentidos possam ser ampliados por microscópios, telescópios, aceleradores de partículas, etc.". E acrescento: por nossos sentimentos, pensamentos, sensações, imaginações... Complementa que sempre temos acesso às transformações, às interpretações. Acrescento, às construções (Freud, 1937), às memórias que não são inocentes

(Cymrot, 2006) e às memórias do futuro. Claudio postula que um dos dilemas frequentes nas análises é a percepção dos analisandos de sua pequenez para o restante da humanidade, a sua falta de importância, a sua irrelevância, assim como a existência dos demais para a nossa. Segundo Claudio, é fato que o planeta Terra ocupa um mero ponto no imenso universo.

Penso que Freud, Bion e Claudio tratam da questão da transitoriedade da vida, do valor da existência, do princípio da incerteza, de como cada sujeito vive o presente consigo e com o outro. Freud, Bion e Claudio conhecem a essência humana como poucos.

Vou me utilizar de um trecho de Lewis Carroll em *Alice no país das maravilhas* para exemplificar a alma humana. O autor era dos preferidos de nossos mestres. Trata-se de um breve diálogo entre Alice e o Coelho.

> *A – Você me ama?*
> *C – Não, não te amo! Responde o Coelho Branco.*
> *Alice franzia a testa sempre que se sentia ferida.*
> *C – Agora vais começar a perguntar-te o que te torna tão imperfeita e o que fizeste de mal para que eu não consiga amar-te pelo menos um pouco. Sabes, é por esta razão que não posso te amar. Nem sempre serás amada, Alice, haverá dias em que os outros estarão cansados e aborrecidos com a vida, terão a cabeça nas nuvens e irão magoar-te. Porque as pessoas são assim, de algum modo sempre acabam por ferir os sentimentos uns dos outros, seja por descuido, incompreensão ou conflitos consigo mesmos. Se tu não te amares, ao menos um pouco, se não crias uma couraça de amor próprio e de felicidade ao redor do teu coração, os débeis dissabores causados pelos outros tornar-se-ão letais e destruir-te-ão. A primeira vez*

que te vi fiz um pacto comigo mesmo: Evitarei amar-te até aprenderes a amar a ti mesma.

Como escreve Claudio: "Quanta pretensão limitar a noção de vida a algo autorreferente". A questão fundamental é podermos nos respeitar, seja lá o que sentimos, enquanto existimos, em nosso vínculo conosco, em nossos vínculos amorosos. Podermos observar e aprender como a vida pode ser vivida.

Claudio nos contempla com seu modo de trabalhar psicanaliticamente. Seu propósito é apresentar, de um modo pensável, a fantasia de uma analisanda, vivida na análise, na forma de atraso e culpabilização pela mesma, à espera de adquirir sentido e significado possível para ela. Relata também um sonho em uma sessão com um analisando. Claudio considera que a representação de aspectos desconhecidos desse analisando podem estar presentes para serem discutidos na sessão, aspectos pertencentes à natureza humana, apresentados ao analisando sem viés moral.

Nesses termos, Claudio nos mostra uma clínica sem memória saturada e sem desejo, sem antecipações e diagnósticos, sem memórias futuras.

Referências

Cymrot, P. (2006). *Nossas memórias não são inocentes*. Trabalho apresentado em Reunião Científica na SBPSP.

Freud, S. (1937). *Obras completas. Construções em Psicanálise* (Vol. 19 - 1937-1939). Cia. das Letras.

1. O estranho, o duplo e a possibilidade de uma relação amorosa genuína[1]

I

Eu estava em Brasília, jantando em um restaurante com um estimado colega após uma conferência que havia dado na Sociedade de Psicanálise de lá, quando olho para um lado do restaurante, e vejo um "senhor" que me parece familiar e me pergunto: quem é esse senhor? O senhor, para minha perplexidade e algum desconforto, por revelar-me a passagem dos anos, era eu mesmo refletido no espelho que estava na parede bem ao meu lado. Tal como a experiência de Freud relatada em nota de rodapé de seu trabalho "The uncanny" (Freud, 1919/1978, p. 248).

1 Publicado originalmente no *Jornal de Psicanálise, 52*(97), 51-66. 2019. Sofreu algumas atualizações e modificações para a publicação neste livro.

Minha reação nos primeiros anos em análise ao me deparar com um estranho a quem era apresentado todas as sessões foi, a princípio, de muita hostilidade e irritação para com meu analista, o inesquecível José Longman. Ao introduzir-me àquele que não reconhecia como eu mesmo, via-me tomado por muita irritação e ódio. Saía das sessões muitas vezes transtornado e pensando nas poucas e boas que diria ao analista na sessão seguinte, para depois me deprimir quando a ficha caía e me percebia irremediavelmente sendo aquele revelado, constatando a perspicácia de sua arguta observação. Levei muitos meses para me acostumar com essa experiência. A despeito do ódio vivido, não faltava a uma única sessão e, até mesmo, ansiava por elas, por mais revoltado que me visse amiúde.

Depois, essa vivência de ódio associou-se à de fascínio e curiosidade sobre esse estranho que me era apresentado diariamente, que também me revelava um mundo desconhecido. Associo essa vivência à dos contemporâneos de Copérnico, Galileu e Colombo, que revelaram a eles um mundo que não era o centro do universo, não era fixo, arrastado por uma estrela – verificada depois como bem pequenina, diante de colossos incomensuráveis de outros sóis – que girava em torno de si mesma, redondo – a despeito de isso estar sendo posto em dúvida novamente. Isso me permitiu também fazer grandes navegações e descobertas, uma vez que, também para mim, um mundo novo ia sendo desvelado. Fui percebendo a colaboração de Longman como algo de real consideração para comigo, pois nunca me tratou como um pobre coitado que não pudesse suportar a franqueza de suas observações – ou seja, percebia-me tendo recursos e punha-me para trabalhar duro nos atendimentos, o que certamente auxiliou no desenvolvimento que considero que me proporcionou.[2]

---

[2] Essa análise só foi interrompida devido ao falecimento de Longman após um ano de luta dele contra um tumor de pulmão. Estive com ele até o último dia em que teve condições de trabalho. Após essa análise de doze anos, tive mais dois outros analistas em longas análises. A última, com Cecil Rezze.

II

No Palazzo Vecchio, no coração de Florença, há uma sala de mapas que mostra as mudanças da percepção do mundo dos europeus entre aproximadamente 1450 e 1530. Os primeiros mapas são representações bidimensionais que permitem a visualização do mundo até então conhecido, que compreendia basicamente o contorno do Mediterrâneo, destacando a costa meridional e parte da costa setentrional da Europa, o Oriente Médio, e o norte da África. Basicamente, esse era todo o mundo conhecido. Os mapas eram manufaturados em sentido contrário ao que vemos hoje, visto que somente com a supremacia da Inglaterra sobre os mares é que esta foi posta na parte superior das cartas, "encabeçando" o mundo. O que é notável de se verificar é a mudança ocorrida em um espaço muito curto de tempo, pois, com as transformações em curso durante o Renascimento, a percepção da esfericidade do planeta e as Grandes Navegações, em pouco menos de oitenta anos, foram confeccionados imensos globos terrestres com a configuração de mapas tendo os continentes representados de maneira muito aproximada à que pôde posteriormente ser constatada por fotos tiradas do espaço (para mim, é um assombro como conseguiram visualizar isso navegando em cascas de nozes frágeis, como as caravelas e galeões, e com instrumental precário – é para se dar muito valor à capacidade que têm os indivíduos visionários).

III

Nosso trabalho consiste na vivência cotidiana de apresentar todo dia um estranho aos nossos pacientes – ou melhor, estranhos –, porque, como mostrou Bion em *Uma memória do futuro* (1991), somos um grupo de estranhos, como tiranossauro, ameba, somitos, aristocratas, homem primitivo assassino e brutal, astrofísico, prostituta, diabo, sacerdote, vilão de ficção, fanáticos religiosos etc. Tal como ocorre neste livro, quando iniciamos uma análise, deparamo-nos com personagens aristocratas sentados na varanda de sua fazenda à espera da chegada de um exército inimigo que ganhou a guerra contra a Inglaterra. Logo em seguida, há uma reviravolta no estado de coisas, e os empregados tornam-se poderosos e submetem os patrões a seus caprichos violentos e cruéis, junto com uma sexualidade primitiva que os submete a todos, com estupros e paixões loucas, como a da patroa Alice por sua ex-empregada Rosemary, em relações de caráter sadomasoquista, e assim por diante. Como no início das análises, a fachada "arrumada" desaba, e todas a dimensões primordiais – e também não pensadas e não pensantes – vão surgindo.[3] Um estado ditatorial e cruel toma o poder, e há a luta de aspectos mais evoluídos para derrotar os mais primevos, que depois evolui para uma tentativa de conversa com eles, visto não serem passíveis de derrota. Surge a figura do psicanalista (quase sempre atacado e escarnecido) como intermediador entre esses diferentes personagens. Entre os que vão surgindo, há também aspectos do próprio psicanalista que vão se apresentando, como Eu, Eu Mesmo, Bion, Psicanalista, Bion de diferentes idades. A leitura do livro mobiliza desconforto, turbulência,

---

3 Quando eu fazia supervisão com Yutaka Kubo, ele me relatava sua experiência com certos indivíduos que vinham para entrevistas como requisito de iniciar um trabalho analítico. Com seu forte sotaque japonês, Kubo mencionava pessoas que chegavam "muito arrumadas", elegantes, falavam diversos idiomas, eram eruditas" etc. "Deitou no divã: psicótico!", dizia com um leve golpe de caratê sobre o braço de sua poltrona. Ou seja, o verniz logo desaparecia, e as dimensões mais primordiais e nunca pensadas emergiam quase imediatamente. Em "The grid", Bion (1977b, pp. 27-28) escreveu: "O dilema para o psicanalista é este: não creio, nem ninguém que tenha tido contato próximo com homens em condições de batalha, prisioneiros de guerra ou civis em estados similares de estresse, que os sentimentos dos homens e das mulheres, tanto como indivíduos quanto como membros de um grupo, tenham mudado; eles estão dormentes. Frequentemente estão encobertos por um verniz de civilização, o qual, não obstante, não esconde, apesar de que se possam disfarçar, as forças que subjazem" (tradução nossa).

perplexidade, incompreensão, aversão, fascínio, curiosidade e também grande interesse, de maneira análoga ao que pode ocorrer no evoluir de uma análise.[4] O final do livro propõe que os personagens com maior condição de conversa possam se tornar representantes dos demais e que um colóquio contínuo siga em frente, com a intermediação do psicanalista.[5]

Sendo assim, vejo a análise como a tarefa de apresentar uma pessoa a ela mesma – a esse grupo que a constitui, a cada dia um diferente, ou vários e surpreendentes aspectos podem se apresentar, tanto os mais brutais e primitivos quanto os mais sofisticados e criativos. O encontro de uma pessoa consigo mesma pode levá-la a um casamento dela com ela mesma, desenvolvendo um relacionamento, se possível amoroso, ou pelo menos respeitoso, com a única pessoa de quem não pode se separar ou se livrar.

IV

Trabalhando com a disciplina de afastar memória e desejo (Bion, 1992, pp. 380-385; 1970/1977a), deparamo-nos não só com o estranho ou estranhos desconhecidos dos pacientes, mas também com um contínuo estranho que permanece brotando dentro de nós mesmos e do mundo que continua a se revelar – sempre em uma experiência de turbulência perturbadora e ao mesmo tempo fascinante. Isso

---

4 Na página 576, P. A. (psicanalista) diz: "Sim, mas é igualmente grave se as pessoas preferirem retroceder para o assassinato ou para a guerra como substitutos para a discussão a enfrentarem as dores e frustrações da conversa. De modo similar, o indivíduo pode sentir que drogas ou autoassassinato sejam preferíveis à tediosa disciplina da análise; os primeiros são sedutoramente mais rápidos" (tradução livre minha).

5 Na última sentença do Epílogo (p. 578) ele deseja a todos uma Feliz Loucura e uma Fissão Relativista.

demanda que possamos suportar a intensidade das experiências emocionais associadas a esse modo de abordar a mente humana. Por conseguinte, ressalto a importância sem par da análise pessoal do analista, pois, mais do que qualquer compreensão ou conhecimento de teorias, aquilo de que ele mais necessita é a condição de suportar e assimilar a intensa turbulência emocional[6] de um contato genuíno com o outro desconhecido do paciente que entra em sua sala e daquele que emerge de dentro de si, a cada nova sessão e durante o evoluir de cada uma delas.

Percebo que, a despeito dos meus 27 anos de análise com três analistas diferentes, a maior parte de mim mesmo continua inacessível ou vai se revelando de maneira muitas vezes surpreendente – fazendo uma analogia com a vivência ao espelho, e com dimensões que consigo perceber e verificar, e às vezes manejar, por outras ficar perplexo de como parecem ter uma vida própria, por mais que tenha trabalhado e continue trabalhando curiosamente para me apropriar dessas dimensões. Um olhar curioso e isento de viés moral e de juízo de valor pode nos permitir nos aproximar disso que nos surpreende e desnorteia, e eventualmente se pode chegar a um diálogo e manejo dessas dimensões. O viés moral e curativo, a meu ver, torna-se um sério empecilho para que cheguemos a alguma intimidade real com nós mesmos e, por conseguinte, com outros seres humanos, quando isso é possível.[7]

---

6 Quem não tiver noção dessa turbulência no trabalho analítico certamente não está em contato com a realidade do trabalho que exerce, ou não sabe de que realmente ele se trata, não obstante as aparências confortáveis ou elegantes que possa ter o ambiente do consultório ou os modos dos dois participantes da experiência analítica: analista e analisando.

7 Evidencio a diferença de atitude de Édipo diante do que percebe em *Édipo Rei* e em *Édipo em Colono*, de Sófocles. Na última tragédia, Édipo descobre a importância da compaixão para consigo mesmo e do desastre que foi não ter podido se observar com ela nos eventos que o jogaram no desterro, na miséria, na cegueira e na destruição de sua família e reino.

A impossibilidade de esgotarmos o conhecimento e muito menos o "domínio" de nossos *selves* também se dá porque todo dia e a todo instante nos tornamos um novo desconhecido, não só por conta do envelhecimento ou da passagem dos anos, mas também porque cada experiência que temos – como a que o leitor pode estar tendo agora mesmo ao ler este texto, mesmo que o ache sem sentido e aborrecido – vai nos tornando um outro, ao mesmo tempo que algo permanente também continua, nessa dualidade paradoxal. Remeto à minha experiência com o espelho descrita no início deste trabalho.[8]

V

O estranho não precisa ser necessariamente algo surreal. A realidade e a infinitude do universo ou dos multiversos, como têm proposto os físicos atuais, já são mais do que suficientes. O que nos defronta no nosso cotidiano já engloba o incomensurável.

A situação se revela aterradora se considerarmos que nossos órgãos sensoperceptivos alcançam somente um diminuto fragmento do que pode existir no ambiente em que nos encontramos. A realidade não está restrita ao que podemos perceber, por mais que nossos sentidos possam ser ampliados por microscópios, telescópios, aceleradores de partículas etc. Se pudéssemos ter acesso a outras percepções para além ou aquém do que nossa natureza nos capacita e, mesmo levando em conta o que essa capacidade nos mostra, sempre teríamos acesso às transformações (Bion, 1965/1977a), interpretações dos fenômenos

---

8 Um amigo próximo descreveu uma situação tragicômica que se deu com sua sogra: depois de anos relutando e já com uma idade avançada, anuiu em fazer uma operação de catarata. Depois de feitas as intervenções, ela chamou-o e à filha, porque estava completamente indignada com o médico que a operou. Perplexo, o casal indagou o que se passava com ela. A sogra respondeu mostrando seu reflexo em um espelho: "Olha o estrago que ele fez no meu rosto!".

que observamos, e nunca à realidade última associada a eles (e quem acredita que o que percebe corresponde ao que de fato existe é o psicótico que confunde a percepção ou ideia, não distingue da coisa em si, com a realidade última), provavelmente ficaríamos apavorados com o que pode ser revelado; um universo bem ao nosso redor e que nos envolve, completamente desconhecido – não obstante estarmos imersos nele. Certamente, sairíamos correndo do ambiente em que estamos se pudéssemos ver as infinitas outras dimensões que nossos sentidos não são capazes de alcançar e que nem por isso deixam de nos afetar. Entretanto, nós humanos, que pretensiosamente nos autoatribuímos o título de *sapiens*, costumamos viver como se a natureza se restringisse àquilo que podemos "enxergar", ouvir etc.

Mesmo o que vemos por meio de telescópios e outros recursos é o que foi, o que se supõe ter existido, visto que até a luz do Sol leva 8 minutos para chegar até nós. Caminhamos arrastados pelo planeta para um rumo completamente ignorado. Talvez diretamente para o *tsunami* de alguma explosão de supernova.

Considera-se a vida como sendo algo relacionado a sequências de carbonos e hidrogênio que necessitam de água e oxigênio. Procuram-se planetas onde poderia haver vida com esses referenciais! Quanta pretensão limitar a noção de vida a algo autorreferente!

Podemos nos reconciliar com nossa diminuta realidade e total falta de importância para o universo? Podemos aceitar que para o resto da humanidade não temos qualquer relevância? Podemos viver nossas vidas para sermos nós mesmos, ou vamos gastá-la para sermos importantes para os outros? Precisamos ainda ser relevantes para nossos pais, caso se revelem na experiência do bebê sem condições de tolerá-lo nos seus aspectos genuínos, e construir falsos *selves* a fim de podermos ser tolerados por eles e seus substitutos em relações transferenciais com nossos convivas e grupos de que fazemos parte depois de nos tornarmos adultos?

Quando se é um bebê ou uma criancinha, pode ser uma questão de sobrevivência produzir uma criatura tolerável pelos pais, caso eles não tenham condições para suportar a intensidade de experiências de genuína intimidade, e procurar desaprender e esquecer tudo aquilo de que a natureza nos dotou de fato, para nos tornarmos "bons" filhos ou "bons" cidadãos, não no sentido ético, mas no de não produzir turbulência nos grupos em que se está inserido. Posteriormente, caso essa situação persista, esse estado de coisas, necessário à sobrevivência nos primeiros tempos da vida, leva à ruptura de um indivíduo com ele mesmo, tornando-o incapaz de viver um amor-próprio por aquilo que realmente é e, por conseguinte, impossibilitando-o de ter relações amorosas genuínas com outras pessoas. Constroem-se vidas inteiras em cima de imitações, e não de algo real.

VI

Ozymandias
I met a traveller from an antique land
Who said:
– Two vast and trunkless legs of stone
Stand in the desert. Near them on the sand,
Half sunk, a shatter'd visage lies, whose frown
And wrinkled lip and sneer of cold command
Tell that its sculptor well those passions read
Which yet survive, stamp'd on these lifeless things,
The hand that mock'd them and the heart that fed.
And on the pedestal these words appear:
"My name is Ozymandias, king of kings:
Look on my works, ye mighty, and despair!"
Nothing beside remains: round the decay

Of that colossal wreck, boundless and bare,
The lone and level sands stretch far away.[9]
(Percy Shelley)

Penso que um dos dilemas mais frequentes nas análises é a percepção que os pacientes vão tendo de que não têm importância para o resto da humanidade; para quase todos os habitantes do planeta sua existência é irrelevante, assim como o é a existência dos demais para a nossa. Não do ponto de vista social, ou da desconsideração humana, mas simplesmente porque não sabem nem terão conhecimento de nossas existências, assim como não temos nem teremos das deles. Costumo usar como modelo um "meme" divulgado pela internet em que aparecem uma foto da Via Láctea com e outra sem a Terra. Na realidade, é a mesma imagem – nossa existência e de nosso planeta são absolutamente irrelevantes para o universo. A questão fundamental é se podemos nos dar importância e respeito mesmo que somente,

[9] Proposta de tradução livre:
Eu encontrei um viajante de uma terra antiga
Que disse:
– Duas gigantescas pernas de pedra sem torso
Erguem-se no deserto. Perto delas na areia,
Meio afundado, jaz um rosto partido, cuja expressão
E lábios franzidos e escárnio de frieza no comando
Dizem que seu escultor leu bem aquelas paixões
Que ainda sobrevivem, estampadas nessas partes sem vida,
A mão que os zombava e o coração que os alimentava.
E no pedestal estas palavras aparecem:
"Meu nome é Ozymandias, rei dos reis:
Contemplem minhas obras, ó poderosos, e desesperai-vos!"
Nada resta: junto à decadência
Das ruínas colossais, ilimitadas e nuas
As areias solitárias e inacabáveis estendem-se à distância.

e – com sorte – para alguns outros poucos, tenhamos relevância e possamos fazer falta durante um breve período de nossas vidas e, quem sabe, um pouco após nossas mortes, para sermos inexoravelmente esquecidos. Frequentemente, uso como referência nomes de certas personalidades que tiveram um sucesso extraordinário uma ou duas gerações anteriores (como Rita Hayworth e Bette Davis) ou até contemporâneas (como Catherine Deneuve), para espantar-me que alguns pacientes mais jovens e informados não tenham a menor ideia de quem tenham sido ou são.

Alguns indivíduos podem usar o artifício de promover genocídios ou guerras devastadoras de modo a se tornarem inesquecíveis. Boa parte dos ídolos da nossa espécie são grandes genocidas, como o foram Alexandre o Grande, Júlio César, Gêngis Khan, Catarina a Grande e Potemkim, Luís XIV e Napoleão Bonaparte, entre outros, que possuem cultos às suas memórias. Mas até esses nomes, fora de grupos com alguma erudição, são ilustres desconhecidos para a imensa maioria dos seres humanos.

VII. Sobre a possibilidade de se observar uma situação sem querer solucioná-la

A paciente constantemente se atrasou durante anos de sua análise. Algumas tentativas de interpretação de seus atrasos foram feitas durante esse tempo, sem qualquer eficácia. Disciplinei-me para não tentar buscar solução para essa questão e fui acompanhando esse fenômeno. Depois de muito tempo observando os movimentos da paciente em análise, um padrão ficou evidente: ela recriminar-se por seus atrasos e admoestar-se moralmente por esse comportamento. Isso ficou patente em uma sessão específica em que mais uma vez chegou cerca de 10 minutos atrasada e passou a desqualificar-se por assim agir. Disse-lhe que se recriminar e se depreciar moralmente não parecia levar a lugar algum. Se fosse algo útil, ela já teria parado de atrasar-se. Propus que pudéssemos considerar seu atraso não como algo que resistia à análise ou tampouco a obstruía. Poderíamos considerar o "atraso" não como algo que esquivava uma situação, mas era algo que se apresentava dessa maneira para nosso escrutínio. Em vez de querermos que aquilo não se manifestasse, poderíamos prestar atenção para ver o que era, do que se tratava, o que se apresentava daquela forma ("atraso"). Ela não sabia dizer, e eu disse que tampouco tinha ideia, mas que seria útil considerar esse "atraso" como uma manifestação de algo que solicitava nossa atenção. Surpreendentemente, nas sessões que se seguiram, a paciente deixou de se atrasar, a despeito de não termos encontrado ou dado qualquer sentido para o que se passava.

Depois de uns quatro meses, ela voltou a se atrasar uns 15 minutos e mais uma vez iniciou a sessão se recriminando, ralhando consigo mesma. Fiz a observação de que a via se fustigando e que me parecia que ela tirava prazer em se atormentar. Ela anuiu e disse que poderia ser verdade que ela gostava de se atormentar. Fui observando sem nada dizer, até que algo ficou patente para mim, e uma imagem "materializou-se" em minha mente com vigor. Propus-lhe então a seguinte interpretação: *Estávamos diante de uma relação sexual de natureza primitiva, extremamente prazerosa e igualmente dolorida e violenta. Uma relação sadomasoquista muito intensa entre ela e ela mesma, entre ela, ela mesma e eu, que ficava de testemunha-*voyeur*, supostamente aflito ao observar essa relação, e também colocado como participante; entre o pai e a mãe dela, que ela colocava em uma constante relação de grande prazer e dor, com violência moral e física, diante da qual ela também estava como testemunha aflita e também excitada, e os pais que também a viam aflita para sair dessa situação. Porém, ao mesmo tempo, quanto mais aflita a viam, mais incrementavam a atividade em função do prazer que era tirado de vê-la atormentada e excitada, colocando-a como participante.*

A paciente relatou que o pai era mesmo um homem um tanto truculento. Eu disse que não tinha muita importância como o pai de fato teria sido, mas o que seria relevante era essa cena que ela teria dentro de si, que ela mantinha em uma atividade de interminável prazer e sofrimento, sempre perpetuado, do qual seria difícil ela separar-se devido ao prazer e à excitação que aquilo lhe propiciava.

Ela ficou alguns instantes em silêncio e, em seguida, disse que parecia surpreendente para ela que essa imagem estivesse fazendo tanto sentido. Ela reconhecia que minha descrição parecia ser muito pertinente. A sessão encerrou-se pouco depois, e ela saiu da sala me agradecendo.

A ideia não tem por finalidade apresentar uma dimensão da paciente da qual ela deveria se envergonhar ou padecer por isso. O propósito é apresentar de uma forma pensável, tornada psiquicamente representável, uma "fantasia" que nunca se tornou propriamente uma fantasia, nunca havia se tornado nem consciente e tampouco inconsciente (Bion, 1980, pp. 20-22), pois era vivida concretamente em ação todos esses anos de sua vida e de análise comigo, na espera de um dia adquirir significado e de poder ser assimilada mentalmente, o que capacitaria a paciente ao reconhecimento do significado de suas ações e uma possível reconciliação dela com essas vivências até então não elaboradas por nunca terem atingido uma condição de ser propriamente pensadas e, assim, poder lidar com elas.

VIII

Por fim, relato a experiência de uma sessão com um analisando muito inteligente e intuitivo, com alguns anos de análise.

Ao entrar em meu consultório, deparou-se comigo em uma saleta logo após a porta de entrada, à direita do pequeno *hall* de distribuição do conjunto em que atendo. A sala de espera para meu consultório está um pouco mais adiante, também à direita, saindo de um pequeno corredor que começa bem em frente à porta de entrada, e o meu consultório se encontra diretamente no final desse corredor.

Ao deitar-se, ele me indaga o que fico fazendo naquela saleta (várias vezes, em ocasiões anteriores, assustou-se por não esperar encontrar--me lá). Eu perguntei o que ele imaginava sobre isso, e a resposta, entre irônica e um tanto apreensiva, foi que eu teria uma espécie de painel de controle com visores para saber o que se passa no prédio e para vê-lo subindo no elevador, ou algo assim. Sugeri que fosse até a saleta para verificar o que disse. Ele disse que, como em alguns filmes, logo que saio da saleta tudo aquilo some, como por mágica. O tom era de brincadeira, mas havia também temor no que dizia.

Em seguida, passou a narrar sua preocupação com um funcionário que considera uma pessoa boníssima e especial. Ele ia visitar familiares seus, que nunca conhecera, em outro estado. Temia que ele, sendo tão bom e quase ingênuo na sua bondade, pudesse ser vítima de pessoas que não fossem de boa índole lá aonde estava indo.

Em seguida, referiu-se a uma amiga que considera viver fora da realidade. A amiga vive de pensão do ex-marido e não trabalha. Acredita em todo tipo de pensamento mágico e esotérico. Ele receia o que pode acontecer com essa mulher, caso o ex-marido venha a falecer. Não sabe como poderá sustentar-se. Fiquei escutando o analisando, mas nenhum fato selecionado (Bion, 1962/1977a, pp. 72-73) se apresentava, portanto, continuei aguardando.

Prosseguiu fazendo digressões sobre essas pessoas e indaguei se tinha uma ideia do que gostaria de me comunicar com tudo o que estava a dizer. Ele negou que tivesse e, como eu também permanecia sem ter qualquer luz sobre o assunto, segui acompanhando.

Então, ele se interrompeu para dizer que havia sonhado durante a noite algo muito aflitivo. O sonho referia situações atuais que tinham como cenários lugares de sua infância. Via-se roubando tudo de valor da empresa familiar da qual é um dos principais proprietários. Enfiava tudo dentro de sacolas e escondia em um lugar humilde que frequentava quando criança. Espantava-se que tanta coisa de valor pudesse caber em poucas sacolas. Era descoberto por um membro próximo da família; contudo, conseguia convencê-lo de que fazia o "roubo" para preservar o patrimônio do negócio. Mantinha-se, entretanto, apavorado, porque sabia que o decano fundador da empresa ia inexoravelmente descobrir a falcatrua, e seria pego por ele. Não haveria jeito de escapar, não seria capaz de enganá-lo.

Permaneceu um pouco em silêncio, e ocorreu-me espontaneamente que ele já me informara que a maior parte dos familiares sócios da empresa é de pessoas muito presunçosas, velhacas, desonestas, extremamente ambiciosas, mas que são, ao mesmo tempo, pueris e se acham poderosas por direito divino. Se ele quisesse, já poderia ter passado essas pessoas para trás há muito tempo. O sonho foi o fato selecionado que me esclareceu o que se desenrolava na sessão.

Disse-lhe que o sonho representava aspectos dele mesmo que eram vorazes, mesquinhos, invejosos, corruptos, que queriam pegar tudo dos outros para si. Ele, entretanto, tinha outros aspectos que contrabalançavam esses primeiros, que teriam consideração ética (diferente da moral) e amorosa, que o impediam de levar adiante seus desejos deletérios. O decano da família representava essa consciência ética que possuía. Ele também sabia que precisava estar muito atento para que o comportamento voraz e quase sempre presunçoso, perdulário e fora de senso de realidade dos demais sócios não levasse a empresa à bancarrota. Sempre tinha de agir para impedir negócios insensatos que propunham, segundo já havia me informado durante anos de trabalho.

Associei a ideia da minha saleta de espionagem na entrada do consultório a essa consciência que ficava monitorando-o. Essa, sim, ainda tinha uma característica moralista. Durante anos, ele temeu que nós descobríssemos algo dele que revelaria o quanto era alguém horrível e desprezível. Isso se liga aos constantes sustos que experimentou nas vezes que me encontrou fora do lugar onde julgava que eu deveria estar, tal como um santo em altar de igreja que está sempre no mesmo local. Ao me comunicar, entretanto, aquele sonho perturbador e incômodo, ele estaria se sentindo mais confortável a expor para mim e para si essas dimensões perigosas sem que necessariamente sofresse um massacre. Já havia um certo humor ao considerar essa consciência vigilante e moralista.

Ponderei que nunca poderia se "curar" dos aspectos vorazes, invejosos e corruptos. Eles fazem parte da sua natureza, da nossa natureza humana. Todavia, prossegui, considerando que seria desastroso se não os tivesse ou os perdesse, pois é a possibilidade de ser íntimo deles, de conhecer e assimilar seus aspectos safados, inescrupulosos, que o capacita a não funcionar de maneira ingênua e pueril na vida, tal como seu funcionário bonzinho e sua amiga que acredita em mágica – que vive em algum mundo idealizado e ingênuo –, o que pode levá-los a serem presas de gente cruel, pois não conseguem reconhecer a desonestidade dos outros, nem lidar com eles, por não terem contato com seus próprios aspectos malandros e delinquentes. É preciso intimidade com eles para poder se valer destes e, dessa maneira, ser capaz de se safar na vida, de ser "safo", ter jogo de cintura, tanto para lidar com os próprios desejos vorazes quanto para habilitá-lo a lidar com os dos outros, tornando-o mais apto para a vida real. Havendo uma contraparte capaz de amar[10] e de

[10] Faço um contraponto com outras pessoas cuja necessidade de destruir a capacidade do analista de pensar e de ser criativo sobrepõe-se à sua necessidade real de ajuda, tal como o escorpião da fábula de Esopo. Essa condição individual fica logo patente nos primeiros contatos analíticos na atuação incessante do

ter consideração real por si mesmo (o que inclui o reconhecimento dos aspectos truculentos), ele também se torna apto a relações de amor genuínas com terceiros, sem, no entanto, ser tolo e sem meios para se resguardar ou proteger a si mesmo e aos que ama.

O paciente sorri e descreve uma sensação de maior conforto interno, parecendo estar mais reconciliado consigo mesmo, em uma relação, a meu ver, de um amor mais genuíno por si mesmo. Não um amor por algo ideal (na verdade, ódio e rejeição pela pessoa que realmente é quando isso ocorre), mas um amor pela pessoa existente, com todos os seus "defeitos", que, por outro lado, também se revelam como absolutamente indispensáveis para que ele possa se cuidar, e cuidar de outros, de maneira realista e afetiva.

---

analisando para "derrubar" o analista mesmo que a custo de suas próprias esperanças. Como exemplo emblemático disso, cito uma moça que me procurou há muitos anos. Fui buscá-la na sala de espera de uma clínica em que tinha consultório com outros colegas analistas. Ela estava vestida com esmero e usava joias pesadas e caras. Convidei-a para acompanhar me até minha sala por um corredor que levava até ela. Seguindo meus passos, ela veio pelo caminho desancando a decoração do ambiente, a construção da clínica, deplorando tudo antes mesmo de entrar no meu consultório. Entrando na minha sala, ela sentou-se à minha frente e começou a depreciar tudo o que via. A decoração era cafona, o lugar deplorável etc. Por fim, perguntou-me se eu sabia por que ela estava lá. Diante de tudo o que já me apresentara desde a sala de espera, disse-lhe, com delicadeza, que imaginava que devia se sentir muito só. Ela levantou-se e começou a vomitar impropérios na minha direção. Gritava que eu era um idiota, que não sabia de nada, que eu nunca a tinha visto e que, portanto, era um perfeito imbecil de achar que podia saber algo dela, que era cheia de amigos. Chegou bem próximo à poltrona onde eu permaneci sentado calmamente sem nada dizer, e enfurecida olhou para mim, olhou para a porta e disse: "A porta é serventia da casa, não é?" e colocou-se porta afora sem eu ter dito uma palavra. O ódio à realidade e uma inveja violentíssimos, segundo conjecturo, a impediam de receber qualquer forma de auxílio.

Referências

Bion, W. R. (1977a). *Seven servants, four works by Wilfred R. Bion.* Jason Aronson.

Bion, W. R. (1977b). *Two papers: the grid and caesura.* Imago.

Bion, W. R. (1980). *Bion in New York and São Paulo.* Clunie Press.

Bion, W. R. (1990). *A memoir of the future.* Karnac.

Bion, W. R. (1992). *Cogitations.* Karnac.

Freud. S. (1978). The uncanny. In S. Freud, *The standard edition of the complete psychological works of Sigmund Freud* (Vol. 10, pp. 219-252). Hogarth Press. (Trabalho original publicado em 1919)

Sófocles. (1967). Oedipus the king and Oedipus at Colonus. In *The complete plays of Sophocles.* Bantam Books. (Trabalho original do século v a.C.)

2. Os (des)caminhos de Édipo: a resposta é o infortúnio da pergunta[1]

Introdução

A analisanda, muito inteligente e competente no seu trabalho, conforme seus relatos, com muitos anos em análise, desenvolveu-se profissionalmente de modo notável durante o tempo em que estamos trabalhando. No entanto, segundo minha observação, mantém-se muito distante de um contato mais próximo com sua vida emocional, evitando ao máximo vivências de intimidade afetiva comigo no consultório. Ela é alguém que costuma ter resposta para tudo e possui um severo senso crítico em relação aos demais seres humanos. No nosso trabalho, amiúde demolia, de maneira aparentemente educada e polida, proposições que eu lhe fazia e que estivessem em

---

[1] Essa é uma versão atualizada e expandida do trabalho apresentado como tema livre no XXII Congresso Brasileiro de Psicanálise e anteriormente publicado no *Jornal de Psicanálise, 42*(77), 23-50, 2009.

desacordo com suas ideias de si mesma e dos fatos que a rodeavam (incluindo meu testemunho sobre o que eu via se passar entre nós no consultório: o que ela não via, não existia). Contudo, o trabalho tem evoluído e ela tem se permitido aberturas antes inexistentes.

Narro uma sessão, como modo de introduzir o tema deste artigo.

Ela deita-se e fala que se sentiu contente e feliz por me encontrar, por ter chegado no horário da sessão. Contudo, continua, verifica que, logo em seguida, sente certo desconforto, um mal-estar, e se vê sem ter o que dizer e não encontra mais sentido no que estaria fazendo.

Permanece vários minutos em silêncio.

Após alguma reflexão, digo-lhe que ela vivia como algo assustador e intolerável os sentimentos de afeição, contentamento e proximidade, experimentados ao me encontrar, e, por conta disso, tomava providências para conseguir um afastamento, um distanciamento "protetor", invertendo seu movimento de aproximação para um de afastamento.[2] A proteção, porém, levava-a a sentir-se esvaziada e sem sentido. O bem-estar virava mal-estar.

Ela diz não saber bem como o que eu digo repercute nela, mas considera que faz sentido. Faz mais uma pausa e comenta que se viu longe, distante dali, pensando em tarefas de seu trabalho e coisas similares.

Digo-lhe que parece ser exatamente a mesma coisa. A diferença era somente o distanciamento ter se tornado ainda mais acentuado: ela, praticamente ao pé da letra, indo para um lugar longe do consultório. Eu havia dito algo que fizera sentido e ela notou minha proximidade. Imediatamente, tomou medidas para que houvesse um grande distanciamento, pois a proximidade a teria assustado. Faço um breve silêncio e, em seguida, acrescento que ela tomava essa pro-

---

[2] O afastamento é também uma das emoções que experimenta. Ao distanciar-se delas, expelindo-as, sente-se esvaziada de sentidos.

vidência em razão do temor que experimentava ao viver uma violenta atração no sentido oposto: ou seja, seu movimento inicial seria o de lançar-se para dentro de mim, mergulhar em mim, grudar-se de tal maneira que temia não ser mais capaz de se ver dissociada.

Novamente ela comenta que minha proposição parece encontrar eco dentro de si, mas, ao mesmo tempo, não consegue entender direito o que estou dizendo.

Falo-lhe usando uma analogia. Conto sobre o cometa que se aproximou demasiadamente da órbita de Júpiter e acabou tragado pela atração que sofreu por parte dele: ao precipitar-se e desaparecer para sempre nas nuvens daquele planeta, passou a fazer parte dele, não mais tendo existência própria.

Ela diz que faz realmente sentido o que estou lhe dizendo, e parece verificar que toma mesmo providências para manter-se longe e afastada,[3] sentindo que fica fria, dura e "racional".

Proponho-lhe que tais vivências equivalem às de um bebê que encontra a mãe, ou o seio, e fica intensamente mobilizado, querendo grudar-se, imergir, confundir-se com o seio ou com a mãe. Ao mesmo tempo, fica apavorado com a possibilidade de sumir ou ficar retido dentro dela. Vive esses sentimentos como intoleráveis e toma providências no sentido oposto, para escapar o quanto antes de tal evento. Por outro lado, a mãe e o seio poderiam também se sentir extremamente assustados com a captação de sentimentos dessa intensidade e, sem saber o que fazer, apavorados, também poderiam tomar providências para dar um "chega pra lá" nesse bebê que se aproxima com um imenso "bocão". Da mesma maneira, ela também temeria que eu reagisse de modo similar se a visse chegar tomada por esses sentimentos e anseios de precipitar-se para dentro de mim e confundir-se comigo, repelindo-a ou censurando-a de algum modo.

---

3 Tal como Édipo ao afastar-se de Corinto para evitar a predição do oráculo.

Fica mais uns instantes em silêncio e, quando finalmente se expressa, considera que pode ter tomado a mesma medida de ir para muito longe porque ficou pensando nos seus filhos e em uma conversa que teve com um deles recentemente, via computador (*voip*), pois ele mora em um lugar distante.

Digo-lhe que percebia de maneira diferente: a meu ver, considerava que ela estava dando sentido ao que eu havia dito, pois a providência de tomar distância – por medo do que poderia resultar a proximidade – parecia ser o método encontrado por ela e seus quatro filhos homens. Eles precisaram se expatriar, ficando longe uns dos outros e também dela, pois, quando estavam juntos, conforme relatos que ela havia feito inúmeras vezes, desentendiam-se de maneira acentuada e o clima ficava muito difícil de suportar; ao contrário do que acontecia quando se encontravam separados por oceanos e tinham conversas mediadas por telefones ou computadores.[4]

Ela reage um tanto indignada à minha proposição: que eu estaria exagerando, que não seria bem assim etc. Tal situação, diz, não teria cabimento. Proponho-lhe verificar não se tem cabimento ou não, mas sua experiência ao considerar meu enunciado. Ela comenta que experimentaria um forte desconforto se reconhecesse o que estou dizendo. Sente que não quer pensar nesse assunto. Falo que sua atitude de se afastar da experiência e do desconforto do que poderia verificar por meio deles era seu método habitual para lidar com situações penosas ou que tivessem uma forte intensidade, mesmo que não fossem necessariamente desagradáveis.[5] Ao tomar tal afastamento de si e de sua experiência, temia perder contato com a realidade e consigo mesma.

---

4 Penso que isso é extremamente relevante no que diz respeito à importância de os atendimentos em análise serem feitos na forma presencial e só na real impossibilidade dessa que ocorram online, conforme outro trabalho presente neste livro.

5 Da mesma maneira que Édipo reage a Tirésias quando, desafiado pelo rei, passa a lhe dizer a verdade e ele reage indignado.

Ela diz que parecia ser assim mesmo, já que, durante alguns instantes, tinha se visto pensando em uma situação de trabalho com um colega, em que notou estar se sentindo muito distante da situação em questão e, em um determinado momento, temeu perder-se no estado em que se viu, ficando com medo de não conseguir mais "voltar" para a reunião com o colega. Teve de fazer um esforço para conseguir "voltar" e manter contato com o que estava fazendo. Sentiu-se muito assustada por um breve instante. Considerou igualmente que se via fazendo uma tarefa, que sabia fazer bem, mas não sabia se gostava ou não de fazer aquilo. Na verdade, não sabe o que de fato quer.

Comento que seu modo de se proteger das vivências intensas e/ou penosas, rompendo contato com sua experiência, também a levava a temer uma desconexão mais violenta da realidade, sem volta. De tanto medo de precipitar-se como o cometa sobre Júpiter, ela tomava providências que podiam igualmente lançá-la em um espaço infinito e sem retorno, ficando para sempre perdida nele.[6]

Digo-lhe que minha proposta seria a de experimentarmos aquelas vivências, que ela sente como insuportáveis e impensáveis, *juntos*, pois eu considerava ter condições para ajudá-la a assimilá-las e pensá-las, e que, eventualmente, isso poderia torná-la mais apta para administrar essas situações. Essa condição, que eu teria a presunção de ter, ela não teria encontrado antes em nenhum outro de seus relacionamentos – a despeito de quão bons possam ter sido. Desse modo, o contato com essas vivências – que ela percebia como impensáveis e assustadoras –, junto comigo, poderia ocorrer sem que isso resultasse em con*fusão* dela comigo, ou em distanciamento dela com a realidade e de si mesma (o que a impede de reconhecer suas reais inclinações e interesses).

---

6 Naquilo que Bion (1965/1977b) denominou hipérbole em "Transformations", pp. 90, 141, 160-1, 169, 170.

A sessão chega ao fim. Ela sai, olhando-me com certa intensidade nos olhos. Sua expressão indicava, a meu ver, uma curiosidade intrigada e alguma perplexidade. Sugeria também um intenso afeto.

O não pensar, o pensar e o mito de Édipo

O mais habitual é destacar no mito e na tragédia de Édipo o componente sexual. Contudo, há algum tempo Bion (2022) deslocou a importância da sexualidade do centro da questão edípica e colocou no cerne dela a capacidade para pensar. A sexualidade propriamente não constitui problema. Tampouco o incesto. O incesto é decorrência das limitações da capacidade para pensar, assim como as outras "encrencas" que podem envolver a expressão da sexualidade.

Desde então, podemos considerar que o problema de Édipo não era o do incesto e da sexualidade – mas de ele não poder pensar. Não podendo pensar, naturalmente, não poderia, entre outras questões, considerar a sexualidade. As ações (por conseguinte, o incesto) precedem o pensamento e não o contrário.

O problema de Édipo era, fundamentalmente, sua arrogância. Ressalvo aqui que *não* estou considerando a arrogância um defeito moral. Como bem destacou Klein (1946), a arrogância é manifestação de um "mecanismo de defesa" contra a angústia (começando pelo medo de aniquilamento que se manifesta desde os primórdios de nossa existência pós-uterina). O mecanismo de defesa é a onipotência.

Édipo estava certo de que sabia quem era. Não tinha qualquer dúvida quanto a isso. Ao ouvir o vaticínio do oráculo de que estava fadado a matar o próprio pai e desposar sua mãe, sem qualquer questionamento, sem qualquer dúvida ou averiguação, desterra-se de Corinto, convicto de seus conhecimentos sobre si mesmo. Ele sabe quem são seus pais e quem ele é. Agindo dessa maneira, evitaria o vaticínio.

Quando chegam aos nossos consultórios, nossos pacientes parecem estar convictos de que sabem quem são e o que aconteceu em suas vidas. Relatam seus históricos e os supostos traumas que sofreram – sobretudo por parte de pai e mãe. Em geral, não têm qualquer dúvida sobre esses "eventos" e suas decorrências.

Um sério problema que com frequência observo quando faço supervisões de colegas muito bem-intencionados é seu costume de tomar ao pé da letra as histórias que ouvem de seus pacientes e as descrições que eles fazem de seus pais. Não conseguem perceber que aqueles pais do analisando não necessariamente possuem relação com os pais que realmente tenham ou possam ter tido.[7] Não verificam que aqueles pais do paciente podem ser como os pais que Édipo tinha convicção de serem os seus. São histórias contadas pelos pacientes sobre os mitos que têm a seu próprio respeito. Os pais do analisando (salvo quando se trata de crianças) não são verificáveis pelos analistas. Mesmo se tratando de crianças, quando os pais "reais" podem ser entrevistados, seria sempre sensato considerar que os pais aos quais as crianças em análise se referem não são aqueles entrevistados, mas aqueles que elas têm em suas cabeças. Da mesma maneira, os filhos referidos pelos pais em entrevistas são aqueles que os pais têm em suas mentes, mas que não necessariamente correspondem às crianças observadas nos atendimentos, quando eles ocorrem. O analista que vai atender a criança descrita pelos pais acaba não enxergando a criança que tem diante de si, que pode ser muito discrepante daquela sobre quem recebeu informações dos pais ou por meio de anamneses.[8] Freud levou um susto ao verificar que o pai de Dora (Freud,

---

7 Ouço, amiúde, comentários do gênero feitos por profissionais: "Mas também, com uma mãe dessas! Só podia dar complicação mesmo! Coitado do paciente!". O relato do cliente é tomado ao pé da letra. O resultado, a despeito de se achar um "culpado", no meu modo de ver, é um beco sem saída, moralista.

8 Assim como Édipo não pode reconhecer a própria mãe quando a teve diante de si por estar envolvido nas crenças de quem ele e ela eram.

1905/1972) não correspondia efetivamente ao pai que ela de fato tinha – o que o levou a destacar a importância da *realidade psíquica*.

O analista precisaria considerar que tudo o que lhe diz o analisando sobre sua vida fora do consultório é somente isso: o que ele relata. Aquilo que o analista pode realmente verificar é o que se apresenta diante dele em seu consultório. Caso contrário, pode começar a interagir com o analisando e aquilo que ele acredita serem os fatos, ficando engolfado em um estado (como teria ocorrido com Jocasta) de alucinose (Bion, 1965/1977b).

Uma maneira de ajudar o analisando seria permitindo que ele tivesse a chance que Édipo não teve, ou seja, a de poder duvidar das próprias convicções.

Voltemos ao mito.

Convicto de que sabe quem é, Édipo se lança pelo mundo. Ele tem a informação de que está fadado a matar o pai e a se casar com a mãe. Contudo, pouco depois de se desterrar, depara-se em uma encruzilhada com um homem mais velho e seu séquito. Desafiado nos seus brios (na sua arrogância, na sua onipotência), por uma questão de precedência – quem passa primeiro no cruzamento (nesse sentido, pai e filho operam na mesma frequência mental, não havendo um com maior capacidade de reflexão do que o outro, o que leva ao desastre) –, atira-se contra o desafiante e não só o mata como também todo o seu séquito.

Seguindo seu (des)caminho, Édipo depara-se, diante da entrada de Tebas, com a esfinge. Esta lhe propõe o enigma: decifra-me ou devoro-te! Édipo dá uma resposta ao enigma. A esfinge se destrói. Contudo, a resposta dada ao enigma corresponde à verdade solicitada por este? A esfinge era um monstro sedento por uma resposta, mas tinha ela algum interesse na verdade? Ou apenas lhe bastava uma resposta? Obtendo-a, não tinha mais por que existir (Bion, 1992, pp. 275-278).

Tal como destaca Bion, citando Maurice Blanchot em seus seminários da Tavistock: "*La réponse est le malheur de la question*!" (Bion, 2005; 1963/1977a, prólogo). A resposta é o infortúnio da pergunta.

Édipo deu uma resposta e ficou convicto[9] de que possuía o conhecimento. Não considerou que tivesse apenas produzido uma resposta plausível nem cogitou que aquela pudesse não ser a verdade buscada.

Nossos analisandos vêm em busca de respostas e soluções de enigmas. Quão grave não há de ser nossa situação se também nos portarmos da mesma maneira que Édipo, convictos de que temos de produzir explicações e soluções para problemas.

Ficamos diante de pessoas que nos colocam em uma situação em que teríamos a obrigação de aliviá-las de pragas e pestes que as assolam. Tal como Édipo, ficaríamos atrás de interpretações de enigmas que livrassem Tebas do monstro que a aterroriza. Tal como Édipo, achando que assim procedendo estaríamos no caminho do sucesso, ficaríamos envoltos em enganos e pestes ainda maiores, reiterando um estado de onipotência mental e falsidade (como foi o caso em Tebas).

Édipo deixou a esfinge achando-se muito sabido – porém, quão longe da sabedoria se encontrava...

Nós, como analistas, também tendemos a achar que podemos dar respostas e explicações para resolver as vidas de nossos analisandos. Conhecemos muitas teorias e, dessa forma, podemos ter a ilusão de que temos resposta para as questões que nos assolam. Da mesma forma que Édipo, podemos ficar imersos em um sistema moral que procura culpados para dar solução a sofrimentos.

Considero que maior benefício para os pacientes e para nós mesmos seria a aquisição de maior capacidade de suportar dúvida e privação. Isso

---

9 Esse estado de convicção e de superioridade moral (os culpados são os outros) seria característico de transformações em alucinose (ver Bion, 1965/1977c).

pode evoluir se, a quem nos procura, pudermos sugerir a possibilidade de refletir sobre aquilo que nos é proposto resolver, até para considerar se o problema enunciado é o real. Frequentemente não o é. O maior ganho viria do desenvolvimento da capacidade de tolerar a ausência de respostas e não de poder dá-las ou tê-las. Édipo tinha resposta para tudo, porém não conseguia enxergar o que estava diante de seu nariz.

Destruído o monstro, ele é recebido em triunfo em Tebas. Como prêmio, cabe-lhe desposar a rainha da cidade que, por acaso, enviuvara recentemente de um marido assassinado.

Ora, todos os elementos estavam diante dos olhos de Édipo: uma viúva, que tinha idade para ser sua mãe, cujo marido havia morrido nas mãos de um assassino. Ele próprio não fazia muito havia matado um homem e seu séquito. Tudo estava escancarado. Faltava, contudo, quem pudesse enxergar o que estava visível. O problema não era encontrar algo recalcado e no inconsciente, mas perceber o que estava evidente, porém não enxergado; era pensar o nunca pensado ou o impensável. Tomado por sua arrogância, Édipo não reconhece nada do que estava óbvio.

Os psicanalistas muitas vezes ficam tomados pela ânsia de entender ou explicar os enigmas que lhes são propostos – nas histórias que lhes são contadas, como o enigma da esfinge – e não enxergam aquilo que está diante de seus olhos, desenrolando-se em seus próprios consultórios.

Jocasta também tinha a informação de que estava fadada a se casar com o próprio filho. Contudo, ela crê no que lhe contaram (que o filho morrera). Ela também tem todas as evidências diante de si, mas nada enxerga. O rapaz com quem está para se casar poderia ser seu filho. Envoltos em um estado de alucinose, ambos seguem adiante.[10]

---

[10] Pode-se dizer que a pré-concepção edípica, e não a concepção ou conceito edípicos, estava atacada e destruída. Sendo assim, não dispondo da pré-concepção,

O analista, ao acreditar naquilo que o paciente lhe conta, e ao tentar trabalhar com esses relatos ou com o que lhe é mostrado – e não com aquilo que efetivamente observa –, também fica engolfado pelo estado de crenças daquele que atende, e acaba não percebendo mais o que tem à sua frente.

Um analisando conta que é vítima da crueldade de seus chefes e colegas. Não obstante, posso verificar em sua experiência comigo que estou sempre "pisando em ovos" ao tentar dizer-lhe qualquer coisa que em minha opinião lhe seria útil. É tão perseguido e defendido que ouve tudo o que procuro lhe comunicar como uma acusação. Posso propor, ao verificar isso na minha experiência com ele, que considere como tende a ser difícil a convivência de seus colegas e superiores com ele. Depois de certo tempo junto a alguém que sempre reage como vítima a tudo que lhe é dito ou levado à sua consideração, as pessoas devem mesmo perder a paciência e acabar hostilizando-o, mas como reação à sua própria conduta e não como algo primário. Na condição de analista, posso observar aquilo no relacionamento dele comigo, e, dispondo de condições emocionais para viver essa situação, sem ficar envolvido por ela, tenho a oportunidade de lhe apresentar um diferente quadro da situação que vive. Isso poderia lhe dar o que pensar (o que se ver como vítima não permite). Caso verifique o que lhe mostro, poderíamos prosseguir a nossa investigação no sentido de averiguar o que acontece para que ele ouça tudo da forma que o faz (de ser atacado, mesmo quando não é o caso).

O desejo de se ver livre de uma aflição, e o vislumbre da substituição desta por um gozo subsequente, solapou as precárias mentes de Édipo e Jocasta. Não houve espaço para qualquer possível frustração e dúvida. O alívio parece estar ali, vamos agarrá-lo imediatamente,

---

Édipo e Jocasta, ao se encontrarem com eventos que poderiam levar a uma realização da pré-concepção, não vivem a realização, e tampouco alcançam a concepção e o conceito edípicos.

sem mais pensar. Uma é viúva e desvalida em uma terra assolada por uma criatura monstruosa. O outro, um jovem desterrado e andarilho, que se vê com uma nobre esposa e um reino a seus pés. Quem há de querer mais? Só quem não estiver embriagado pelos sentidos e puder enxergar não só o que eles mostram, mas também além deles.

Se estamos ávidos para proporcionar um alívio, uma solução – dificilmente poderemos pensar. Propor um espaço de reflexão antes de mergulhar nas delícias da cura e das respostas parece ser algo cruel. Contudo, pode ser justamente aquilo que evita as tragédias associadas à impossibilidade de pensar.

A sexualidade entra nesse campo. Se um indivíduo puder pensar, vai fazê-lo em relação a tudo aquilo que chegar até ele, seja vindo de fora ou de dentro de sua pessoa. Se não puder pensar, provavelmente enfiará os pés pelas mãos ao lidar com a realidade que acredita existir e não com aquela que de fato está lá para ser considerada.

Outro analisando reclama que me conta uma série de problemas e se enfurece porque eu não o ajudo. Digo que achava que seu problema era exatamente aquele de exigir de mim que pensasse por ele e que lhe desse as respostas que queria ouvir. Considerava, todavia, a partir do meu viés, que dar respostas e dizer como resolver seus problemas seria exatamente aquilo que o impediria de desenvolver suas capacidades para resolvê-los. Além do mais, mesmo que eu pudesse indicar soluções para problemas que não conheço de verdade, quem garante que seriam as soluções adequadas? O que é ótimo para mim pode ser péssimo para outra pessoa. Como eu poderia saber o que seria melhor para *ele*? Eu poderia, sim, tentar ajudá-lo a desenvolver suas faculdades mentais, sua capacidade para pensar, de modo que pudesse chegar a uma decisão que fosse conforme seus interesses, assumindo a responsabilidade por ela. Se desse a resposta, eu o estaria privando exatamente daquilo que ele precisava. Tolerar dúvida, angústia e esperar que as ideias possam evoluir em sua mente, aguentando o tempo que for preciso para isso. Não suportar ficar sem respostas e pressionar alguém para fazer isso era o seu real problema, não aqueles que ele me contava. Aqui, mais uma vez, está, com outro aspecto somente, colocada a situação de Édipo e da esfinge.[11]

Sófocles inicia sua tragédia com Édipo reinando. Acaba com Édipo, que pensava tudo saber, dando-se conta de sua prepotência e de sua ignorância. Da presunção (onipotência) chega-se à humildade necessária ao aprendizado com a experiência da vida. Todo o nosso conhecimento é sempre precário e transitório, à espera de novas experiências que possam reconfigurar tudo aquilo que percebemos.[12]

Em psicanálise, o que importa não é aquilo que acreditamos saber, mas, sim, aquilo que ignoramos por completo. O vértice precisa ser o desconhecido, para que não fiquemos como Édipo, cegos por aquilo que acreditamos serem os fatos, ou com nossas capacidades destroçadas, como a esfinge, porque cremos ter as respostas e as explicações para os enigmas que nos são apresentados.

---

11 Certa vez, no início de uma análise, um paciente queria que lhe dissesse se deveria permanecer com a mulher com quem namorava ou se devia se separar dela. Era imperativo que eu lhe desse o caminho a seguir. Disse-lhe que o que me parecia mais relevante era ele, sendo um homem adulto, e não um menino, eleger outra pessoa, no caso a minha, para que lhe dissesse o que era melhor para si. Ele fazer de mim uma autoridade era o real problema que eu estaria percebendo. Era algo muito sério e que certamente poderia levá-lo a viver graves dissabores e a ficar na mão de espertalhões que se apresentassem como oráculos e gurus, como parecia já ter ocorrido com figuras que lhe eram muito próximas e que foram à bancarrota.

12 Se, porém, o vértice na investigação for o de uma autoridade moral buscando um culpado, esta tenderá a ser solapada, visto que o resultado será, provavelmente, não a humildade necessária, mas a destruição e a autodestruição, como a de Édipo, literalmente arrancando seus olhos, Jocasta se enforcando e a prole se dilacerando. O mesmo drama também se repete em Antígona, em que há uma luta pela superioridade entre divergentes autoridades morais (sobrinha e tio), que impede o surgimento de um *insight* e destroça seus antagonistas.

Finalizando: Rondó

Retomo o caso clínico do início.

Em encontro posterior, a analisanda apresenta-se angustiada, aflita. Considera que sua ansiedade poderia estar associada a uma viagem próxima, em que iria encontrar uma pessoa com quem convivera intensamente nos tempos de faculdade, mas que não via há muitos anos. Está francamente apreensiva. Conjectura que talvez esteja nesse estado por causa do receio que tem de viajar de avião ou do exotismo do país em que encontrará a conhecida. Reflete, porém, que é muito habituada a fazer viagens, mesmo para lugares muito mais exóticos do que aquele para onde estava indo. A conversa vai se desenrolando até que, vendo-a mergulhada nos seus pensamentos ou não mantendo, aparentemente, contato comigo ou com o que sucede no consultório, indago o que estava acontecendo. Ela diz que havia tido uma espécie de devaneio, em que se via conversando longamente com essa conhecida de outros tempos. Surge-me, neste ponto, uma ideia que lhe proponho.[13] Digo-lhe que ela estava realmente aflita não por conta do temor da viagem, mas porque estava receosa por não saber quem ia encontrar. Do meu modo de ver, ela não sabia quem ia encontrar: quem estava naquele país distante era alguém desconhecido. No seu devaneio, ela "conversava" com alguém que era conhecido, familiar, e, de alguma maneira, capaz de conduzir e de aventar qual seria o desenrolar dos eventos. Contudo, a pessoa que ia ver era alguém que ela não conhecia mais – era uma desconhecida! A amiga de outras épocas não podia mais ser aquela que veria. Digo-lhe que, se fosse encontrar alguém que conhecia, poderia acabar muito frustrada e a experiência provavelmente resultaria em um *des-encontro*. Sugiro-lhe que talvez fosse útil ela se dispor a reconhecer que ia ao encontro de alguém que

---

[13] O fato selecionado que me precipitou o *insight* e a ideia que formulei em seguida foi sua frase "essa conhecida de outros tempos".

não sabia quem era, que poderia ter alguma relação – e que também poderia já não ter nenhuma – com quem conhecera muitos anos antes. Proponho-lhe considerar a possibilidade de ir com a mente aberta, para ver com o que vai se deparar, sem qualquer disposição *a priori*, pois, se estivesse com a mente cheia de expectativas e de memórias do que deveria achar, de quem ia "rever", talvez não tivesse chance de encontrar, ver e conhecer quem realmente estaria lá para ser encontrado, visto e conhecido.

Tocada, diz a analisanda que aquilo fazia sentido e que se percebia noutro estado emocional, bem menos oprimida.

Apêndice acrescentado ao trabalho original

No trabalho de minha autoria "A linguagem de êxito e a importância do imaginário na prática da psicanálise e no seu desenvolvimento", publicado no livro *Bion: a décima face – novos desdobramentos* (2018), escrevi:

> *Bion menciona que a teoria do Édipo de Freud está enunciada de forma fraca, pois é muito ligada aos elementos narrativos da experiência de que foi abstraída, o que impediria o reconhecimento de novas realizações quando elas se apresentam.*[14] *Uma notação matemática para experiências químicas ou físicas em que se registra o essencial da situação possibilita que se encontrem novas realizações, na prática, para as equações. Em psicanálise, a situação edípica colocada nos termos mitológicos em que o filho pretende matar o pai para se casar com a mãe dificultou que se alcançasse a questão do interdito, mais*

[14] Bion, 1962/1977a, p. 77.

> *abstrata e mais essencial, nessa proposta científica. Os antropólogos na Polinésia refutaram a ideia de complexo de Édipo e sua universalidade porque não havia interdito de incesto com a mãe, mas havia outros. Como a formulação era literal, pai, mãe e filho/filha, os aspectos essenciais e abstratos não foram considerados e houve a refutação da teoria do complexo de Édipo. Uma formulação matemática para a situação edípica que coloca que se trata de uma relação entre três em que um está excluído permitiria muito mais realizações dessa situação essencial para a mente humana do que sua formulação apoiada na narrativa mitológica, ou de situações concretas. O teorema de Pitágoras, como propõe Bion, seria um melhor registro dessa condição mental. Perdeu-se, segundo ele, a noção de que ele provém das experiências emocionais que levaram ao seu desenvolvimento. A abstração matemática teria perdido o contato com as experiências de que é oriunda. O 1, o 2 e o 3 são decorrências da percepção do eu e não eu – a verificação da existência do outro (seio/mãe) independente da própria levaria à noção de 1 e 2. A frustração na ausência do seio levaria ao 3, e assim por diante. (Castelo Filho, 2018, p. 143-144)*

Em *Learning from experience* (1962/1977a), Bion desenvolve, a partir da teoria da identificação projetiva de Melanie Klein (1980), em que experiências emocionais intoleráveis para uma mente primordial como a de um bebê ou mesmo de um feto são, em fantasia onipotente, expelidas de seu interior e lançadas no ambiente em busca de algo que as contenha e as transforme. Sentimentos de imenso desamparo, terrores inomináveis, ódios assassinos, ciúmes, inveja, desejos e anseios intoleráveis e impossíveis de serem assimilados por essa mente pouco ou não desenvolvida são cindidos e lançados para o interior da mãe-seio. Se a mente desta for capaz de suportar as intensidades que nela são mobilizadas nesse relacionamento em que operam em primazia as identificações projetivas (como penso ser o caso da maior parte das análises, mesmo a de pacientes ditos "neuróticos" em que os aspectos chamados "psicóticos" ou primordiais nunca simbolizados ou tornados propriamente mentais encontram um novo terreno em que podem se manifestar), ela poderá conter aquilo que nela foi projetado e digerir-gestar o que lhe penetrou. À mente/ao seio que contém Bion associou uma dimensão que chamou de continente e a esse atribuiu o símbolo ♀, em princípio decorrente da ideia de feminino, mas que ele abstraiu para o conceito despojado de sensorialidade de continente. O que é expelido da mente incipiente, por nela não caber e tampouco poder ser assimilado, e que penetra (em fantasia) a outra mente que poderia contê-lo, processá-lo, digeri-lo, assimilá-lo, gestá-lo, e posteriormente devolver de modo assimilável à mente que o expeliu, ele denominou contido e deu a esse o símbolo ♂, por sua vez, também associado ao masculino, mas igualmente abstraído de sensorialidade para o conceito de contido. A identificação projetiva ficou descrita matematicamente, de forma abstrata, na relação entre contido e continente ♂♀. Essa relação tenderá a ser saudável e produzirá crescimento (+Y) se as emoções envolvidas puderem ser toleradas inicialmente pelo continente e, em seguida, pela dupla. Os vínculos emocionais que ele propôs como sendo os essenciais foram amor (L – da inicial em inglês de *love*), ódio (H, também de *hatred* em inglês) e conhecimento (K de *knowledge*): L, H e K. A tolerância a esses sentimentos e a capacidade de eles serem contidos em um continente levaria ao crescimento do continente e do contido e também da capacidade de relacionamento entre eles. Isso ocorrerá com a concomitante oscilação da posição esquizoparanoide para a depressiva (e vice-versa), quando emoções aparentemente antagônicas são percebidas como dirigidas a um mesmo e único objeto e as diferentes percepções dele se acasalam – a mãe boa/seio bom idealizado/fada madrinha e a mãe má/seio mal, bruxa má abjeta são percebidas como o mesmo e único objeto. Eu amo e odeio o mesmo seio, a mesma mãe. Todo *insight* depende do acasalamento dessas impressões. Toda correlação, toda simbolização, implica verificar o que há em comum (um pareamento/casamento) em coisas em princípio disparatadas e sem conexão. A oscilação da posição esquizoparanoide para a depressiva demanda a tolerância dos sentimentos edípicos associados ao acasalamento de ♂♀ – em uma abstração da cena primária que não está presa aos elementos sensoriais ou à necessidade do testemunho factual do Homem dos Lobos de Freud (1918/1978), ou de qualquer paciente do coito dos pais. São elementos primários da mente humana. Bion nunca se afastou da importância decisiva da situação edípica, mas verificou a relevância de nela se perceber os elementos essenciais (Bion, 1963/1977b, grade[15]), para que os aspectos sensoriais da narrativa do mito não impeçam de nos depararmos com o Édipo em observações em que aparentemente não estaria óbvio, como na gagueira de uma pessoa que não suporta as emoções da conjunção de um fonema com outro, de modo que a fala produza sentidos – o pareamento sempre sendo atacado –, o casal constantemente separado e tornado estéril,[16] ou quando o paciente sistematicamente sabota seu relacionamento com o analista (não permitindo que o par ser amoroso e criativo gere ideias-filhos) ou seu relacionamento consigo mesmo, frequentemente sabotado por não suportar as emoções de inveja, ciúme e rivalidade que experimenta ao conceber um par amoroso entre ele e si mesmo.

Caso o analista tenha sua própria longa, realmente extensa, intensa e profunda análise pessoal (na maioria das formações ligadas à IPA [International Psychoanalytical Association]), isso se dá por

---

[15] Bion propõe uma grade (tabela) de elementos de psicanálise análoga à tabela periódica da química. Há também um livro dele com esse título – *A grade*.

[16] O mesmo tipo de problema pode ser visto em algumas dificuldades de aprendizado em leitura e escrita ou operações matemáticas.

meio de análises chamadas didáticas porque são feitas com um psicanalista que seria reconhecido com notório conhecimento do que seria psicanálise por essas instituições e não necessariamente pedagógico) e com ela desenvolvido familiaridade com seus estados emocionais mais primordiais e turbulentos, podendo deles estar suficientemente consciente, suportando contê-los em seu íntimo, elaborando-os antes de agir, poderá emprestar sua mente para ser continente das identificações projetivas de seus analisandos (♀♂). Gestar essas vivências usando seus aspectos femininos (♀), levando-as a termo para uma possível interpretação madura que formulará de modo penetrante, masculina ♂, que possa entrar de maneira suficientemente suportável e amorosa na mente do paciente, em um contínuo oscilar de lugar masculino e feminino, continente ♀ e contido ♂, entre os dois (paciente e analista). O Édipo, ou a tolerância-intolerância a ele e à sua preconcepção ou concepção, ocorrem o tempo todo no consultório do analista, e não só no passado distante da vida do paciente.

Referências

Bion, W. R. (1977a). Learning from experience. In: *Seven servants: four works by Wilfred R. Bion* (pp. 1-110). J. Aronson. (Trabalho original publicado em 1962)

Bion, W. R. (1977b). Elements of psychoanalysis. In: *Seven servants: four works by Wilfred R. Bion* (pp. 1-110). J. Aronson. (Trabalho original publicado em 1963)

Bion, W. R. (1977c). Transformations. In: *Seven servants: four works by Wilfred R. Bion* (p. 1-183). J. Aronson. (Trabalho original publicado em 1965)

Bion, W. R. (1992). *Cogitations*. Karnac Books.

Bion, W. R. (2002). *No entanto... pensando melhor* (Trad. P. C. Sandler). Blucher.

Bion, W. R. (2005). *The Tavistock seminars*. Karnac Books.

Castelo Filho, C. (2018). A linguagem de êxito e a importância do imaginário na prática psicanalítica. In: *Bion: a décima hora*. Blucher.

Freud, S. (1972). Fragmentos da análise de um caso de histeria. In *Edição standard brasileira das obras psicológicas completas de Sigmund Freud* (Vol. 7, pp. 5-119). Imago. (Trabalho original publicado em 1905)

Freud, S. (1978). From the history of an infantile neurosis. In *The standard edition of the complete psychological works of Sigmund Freud* (Vol. 27, pp. 7-124). Hogarth. (Trabalho original publicado em 1918)

Klein, M. (1980). Notes on some schizoid mechanisms. In *Envy and gratitude and other works* (pp. 1-24). Hogarth. (Trabalho original publicado em 1946)

Sophocles (1967a). Antigone. In M. Hadas (Ed.), *The complete plays of Sophocles* (pp. 115-148). Batam Books.

Sophocles (1967b). Oedipus at Colonus. In M. Hadas (Ed.), *The complete plays of Sophocles* (pp. 219-261). Batam Books.

Sophocles (1967c). Oedipus the king. In M. Hadas (Ed.), *The complete plays of Sophocles* (pp. 75-114). Batam Books.

3. Da submissão à autoridade à responsabilidade por si mesmo

Então, foram abertos os olhos de ambos,
e conheceram que estavam nus;
(Gênesis 3:7)

Therefore – and this is really the central point, but very difficult – you have to dare to think and feel whatever it is that you think or feel, no matter what your society or your Society thinks about it, or even what ***you*** *think about it.*
(Wilfred R. Bion[1])

1 "Portanto – e este é realmente o ponto central, mas muito difícil, – você tem de ousar pensar e sentir o que quer que você pense ou sinta, não importa o que a sua sociedade ou Sociedade pensem, ou até mesmo o que você pensa a respeito disso." (Bion, W. R., 2005, tradução nossa)

Em conversas com algumas pacientes mulheres e também com outros pacientes que fazem parte de minorias sociais, foi-se destacando para mim a complexidade da situação dos lugares que a elas e a eles são atribuídos socialmente e as dificuldades emocionais de reconhecimento e eventual negociação com o *status quo* interno e externo.

Boa parte das mulheres, sobretudo acima dos 45 anos de idade, vê-se encarcerada na obrigatoriedade de ter um companheiro e sobretudo um marido. Não ter significa quase uma situação de pária social. Por incrível que pareça, isso permanece real mesmo nos grandes centros como São Paulo e ainda mais acentuado no interior do país. Relações sofríveis com maridos ou namorados são mantidas sempre com uma esperança de que, em algum momento, a "coisa melhore", mesmo após anos de convivência frustrante. Não ter uma relação estável e reconhecida socialmente é uma encrenca. E é fato que, mesmo nos tempos atuais, uma mulher que se separa quase que irremediavelmente vê-se excluída do grupo de amigos e conhecidos de que costumava tomar parte. Ela também passa a ser percebida como ameaça aos casamentos de suas conhecidas, que a excluem da convivência ou, quando muito, mantêm o contato longe da presença de seus companheiros. Também é real que muitos desses maridos de conhecidas percebam a recém-separada como alvo de assédio sexual por parte deles mesmos. Mulher separada é para ser "desfrutada". A pressão para que retomem o casamento também ocorre, muito amiúde, por parte de seus parentes próximos, por mais sofrível que isso possa ser. Observo algo similar em mulheres que se aproximam dos 30 anos que ainda não se casaram ou tiveram filhos. Muitas vezes, ocorrem atuações em seus comportamentos em que acabam se vendo comprometidas a assumir um casamento a despeito de todo o contexto deixar muito a desejar.

Sair de casa sozinhas para ir a um cinema, teatro ou um bar? Muito difícil. Sempre é uma situação que gera estranhamento e elas se sentem acuadas em tomar tal iniciativa.

Algo similar também observo em pacientes homossexuais, que, embora tenham discursos emancipados, ainda se veem enredados por fortes preconceitos interiorizados e com intensas vivências de exclusão e de perspectivas sombrias quanto a seus futuros. As pessoas pretas também sofrem com situação similar, pois não é fácil lidar com a internalização de 500 anos de escravidão institucionalizada. A internalização da homofobia secular, que se tornou institucional com o domínio do Império Britânico e as leis draconianas relativas aos homossexuais masculinos instituídas por determinação da rainha Vitória[2] em locais em que a cultura antes não tinha essa visão – como em muitos países da África, Oriente Médio e Ásia, ou domínios indígenas das Américas –, tornou-se entranhada e muitas vezes sequer é discernível pelas próprias pessoas que a sofrem ou que a expressam (e pode ser algo conjunto, como se pode ver com pretos homossexuais que se aliam a líderes racistas e homofóbicos). Existe também, profundamente introjetado, mas às vezes pouco percebido, o fantasma preconceituoso de um destino sombrio em que viverão sozinhos e amargurados. Isso faz muitos se desesperarem para conseguir um parceiro fixo a qualquer custo, em muitas ocasiões, resultando em relacionamentos abusivos ou em uma busca aflitiva para conseguir um companheiro, impedindo a chance de observar com clareza com quem estão se envolvendo. Esse tipo de preconceito não difere muito daquele que envolve as mulheres e que dita que, após certa idade, elas viram titias solteironas e têm de se arranjar com o que aparecer, pois não terão chance de conseguir nada melhor. Caso não consigam, ficarão sós e sem

[2] Não foram instituídas leis contra a lesbianidade porque a rainha recusou-se a crer que pudesse existir uma coisa "tão inadmissível".

prestígio, esperando um triste fim solitário. Pode parecer que estou exagerando a situação em pleno século XXI, mas, se observarmos com atenção, poder-se-á verificar tal fato mesmo quando ouvimos discursos de pessoas aparentemente muito resolvidas. Intelectualmente e na superfície, os discursos aparentam estar elaborados, mas, nas profundezas, esses preconceitos permanecem tendo muita repercussão e é necessário que o psicanalista esteja atento a eles e os demonstre aos pacientes. Somente com a conscientização deles pode ser que se tornem capazes de pensá-los e elaborá-los.[3]

Lembro-me aqui de uma pessoa muito querida de minha família, que a despeito de ser preta, era intensamente racista. Ficava indignada ao ver o Pelé em destaque na televisão e dizia que aquele não era lugar de "nego", que ele não sabia o seu lugar! Ao se ver hospitalizada em um leito de um centro médico de ponta, disse à enfermeira branca que a atendia que ela deveria ter feito algo muito ruim em alguma vida passada para precisar atender alguém como ela (paciente). Disse nunca ter se casado porque, se o fizesse, teria que ser com um negro, mas com preto ela não se casava. Nunca conseguiu permanecer sentada à mesa junto com o resto da família, por mais que se insistisse para que ela o fizesse.

Isso não ocorre por acaso. Sua avó fora escrava e ela, desde menina, foi trabalhar para a minha avó materna. Quando minha mãe se casou, pediu para ir junto com ela. Para mim e meus irmãos, ela foi nossa segunda mãe. Quando de sua morte, ao ser velada e enterrada no cemitério em que minha família tem jazigo, ficou evidente a surpresa e o desnorteamento do padre chamado pelos meus pais para

---

3 A famosa líder feminista norte-americana Betty Friedan dizia que apanhava do marido em casa. Recentemente, o marido dela afirmou que era ele quem apanhava e que ela chegou a tentar esfaqueá-lo. Seja como for, o que leva a se permanecer submetido a relações dessa natureza? Seja ele ou ela? O que faz uma pessoa tornar a outra uma autoridade?

fazer preces, de que aquela senhora preta fosse enterrada no túmulo da família branca. Passado o espanto, ele ficou feliz por assim ser.

Vem-me à mente um quadro famoso que se encontra na Pinacoteca do Estado de São Paulo que se chama "A redenção de Cam", do pintor espanhol Modesto Brocos. Cam seria um filho amaldiçoado e expulso por Noé, e toda a sua descendência ficou marcada por essa maldição. Os europeus interessados no tráfico de negros acoplaram essa história bíblica aos pretos, dizendo que eles eram os descendentes malditos de Cam e, portanto, era natural que fossem escravizados e vendidos como gado. No referido quadro, temos uma cena com quatro personagens. Uma senhora preta idosa no canto esquerdo levanta as mãos para o céu em evidente louvor e agradecimento – ela porta um casaco escuro. À sua frente, está uma moça parda com um bebê branco no colo, cujas vestes são brancas resplandecentes. A blusa da moça é branca e sua saia da mesma cor que seria a de sua mãe (rosa). Ela aponta a senhora preta para o filho. Na direita do quadro, sentado, um homem branco (com camisa branca e calça cinza) com uma cara de satisfação e sorriso meio irônico, olha de soslaio a cena, certamente satisfeito com a cor e a aparência de seu bebê. As roupas lavadas no varal acima dele são todas brancas (a "sujeira" foi lavada). O bebê no colo da mãe assume a mesma pose que encontramos no quadro *A Virgem dos Rochedos* (a da mãe também é similar à da Madona) de Leonardo da Vinci, que se encontra no Louvre e que tem uma outra versão do próprio Leonardo na National Gallery de Londres, e abençoa a avó, redimindo-a da maldição, assim como o menino Jesus teria vindo ao mundo para redimir a humanidade de seus pecados. No quadro de Da Vinci, o menino sob a proteção da mãe e de um anjo que está à sua direita abençoa o menino João Batista, seu primo.

A própria ideia de que a mãe de Jesus o gerou virgem com o auxílio do Espírito Santo já estabelece o papel secular da mulher como mãe e esposa, e não outro. A sexualidade da mulher é um tabu explícito.

A despeito de na própria Bíblia haver o caso homoerótico do rei Davi com Jonatas e da menção de que o apóstolo João era aquele a quem Jesus amava (não amava todos os outros? – o que significa amar aqui?), uma violenta versão homofóbica se estabeleceu no mundo ocidental e foi imposta e assimilada, como já mencionei antes, com o domínio britânico pelo mundo e a adoção de leis brutais pelas nações colonizadas.

O problema do lugar atribuído a alguém pelo *status quo* também se aplica à dita maioria. A imensa angústia que surge a qualquer sinal de ambiguidade sexual em homens e mulheres primordialmente heterossexuais costuma ser dilacerante. A necessidade de se assumir comportamentos e atividades profissionais condizentes com aquilo que seria o "normal" é amiúde um fardo a ser carregado. Percebe-se o imperativo de ter sucesso econômico, de participar de porres (é sinal de masculinidade ver quem é aquele que consegue ingerir o maior nível de álcool possível) ou realizar ações francamente perigosas e aversivas por necessidade de provar a "macheza". Outro modo de se verificar o lugar atribuído ao jovem varão é o de ser um profissional bem-sucedido, que tenha destaque em seu grupo social e que assuma as funções que o grupo a que pertence espera dele. Observo rapazes de pouco mais de 20 anos que já se veem desesperados por não estarem ganhando milhões e sendo o centro de atenções do mundo empresarial. Sem isso, não são nada! Colapsos mentais são frequentes decorrências dos desencontros entre a exigência interna (às vezes coincidente com a externa, mas não necessariamente) e as possibilidades de realização dela. Nem todo mundo tem talento para ser um *businessman* e nem todo aquele que o tem realmente aspira ser um. A problemática existe quando se tornar um homem de negócios bem-sucedido é igual a poder existir. Se não for bem-sucedido, é como se não existisse, não é nada.

Recordo-me da situação de Raul Cortez[4] e Paulo Autran, que, oriundos de famílias burguesas, ousaram seguir como atores em épocas

---

4 Que em tempos bem mais complicados assumiu-se abertamente bissexual.

em que tal atividade os colocava na marginalidade social, por mais sucesso que pudessem ter. Atrizes como a grande Cacilda Becker tinham carteira de trabalho cuja profissão assinalada era a de prostituta, visto que não havia a categoria atriz ou ator e que ser atriz e prostituta eram praticamente sinônimos (como ocorria com as bailarinas da Ópera de Paris no século XIX e as grandes atrizes, que eram vistas como mulheres de vida pouco "proba"). Caso viessem a se casar com alguém de família tradicional ou burguesa, a coisa decente a ser feita seria abandonar a vida profissional. Na contramão desse caminho, lembro-me da extraordinária Bibi Ferreira. Filha de artistas e ela própria pisando em palcos desde os cueiros, casou-se com um magnata da família Lage no Rio de Janeiro. Pouco suportou a vida de princesa de contos de fadas na vida do *high society* carioca e voltou rapidamente aos palcos. Algo similar também se deu com Maysa Matarazzo. De família abastada, casou-se adolescente com um Matarazzo – da então mais rica família do Brasil, o que seria motivo de inveja para a maioria das moças de sua época. Entretanto, sua vocação para cantar e a vida nos palcos levaram-na, em meio a tremendo escândalo social para a época, a deixar o marido e investir na vida artística.

Proust (1954/1986), na sua *Recherche*, descreve o drama de Charles Swann que, ao se casar com a "*demie-mondaine*" Odette de Crécy, vê a esposa e a filha excluídas da possibilidade de frequentar as altas rodas da sociedade das quais era "*habitué*".

Por mais que tudo isso pareça com algo de antanho, observo frequentemente o quanto está entranhado nas profundezas mentais da maioria dos casos que atendo.

Entre os psicanalistas e pessoas que fazem formação de psicanalistas, existe amiúde a ideia de que deveriam se tornar exemplos de retidão moral e assepsia comportamental, gerando profundos conflitos e quase sempre a produção de um falso *self* analítico, se não for francamente hipócrita.

> *Robin: So you admit that psycho-analysis can do harm?*[5]
> *P.A.:*[6] *It does neither harm or good; but the person may use the experience for whatever purpose he will. After all, if a surgeon heals a thief or a murderer he makes them more efficient, but not more moral. (Bion, 1991, p. 332)*

Como reconhecer e negociar com tudo isso?

Recordo-me do que dizia Laertes Moura Ferrão, um dos fundadores da Sociedade Brasileira de Psicanálise: "Se você quer sobreviver na Santa Inquisição, vá à missa e reze o Pai Nosso, mas não precisa ficar psiquicamente submetido". Yutaka Kubo, outro decano já falecido há algum tempo, com quem fiz parte de minhas supervisões, comentava que, quando o regime era muito rígido, as pessoas mentiam.

Ao conversar com uma analisanda sobre o fato de a maioria das mulheres ainda viverem sob pressão, muitas vezes internalizada, sem se darem conta, lembrei-me da biografia de Olympia Maidalchini Pamphilij, que se intitula *Senhora do Vaticano* (Herman, 2012) e também da peça *O caminho para Meca*, de Athol Fuggard (1985/1993). Nesta última, uma senhora que habita um vilarejo da África do Sul afronta sua comunidade ao produzir e expor suas esculturas vistas como aberrações em seu jardim. O pastor da comunidade é convocado para demovê-la de seu comportamento e trazê-la de volta à vida aceitável pelos demais. A peça é um belíssimo diálogo entre o pastor e a senhora sobre a liberdade de ser e existir.

O livro *Senhora do Vaticano*, de Eleanor Herman, narra a história da referida Olympia. A primeira vez que ouvi falar dela foi em visita

5 "Robin: Então você admite que psicanálise pode fazer mal? P.A.: Não faz nem mal nem bem; mas o indivíduo pode usar a experiência para o propósito que quiser. Afinal de contas, se um cirurgião cura um ladrão ou um assassino ele os torna mais eficientes, mas não mais éticos". (tradução nossa)

6 Psicanalista.

ao Palácio Doria Pamphilij, no centro histórico de Roma, na Via Del Corso, não longe da Piazza Venezia, quando me deparei com um imenso busto em mármore de uma matrona um tanto assustadora em trajes de viúva do século XVII. No audioguia, fornecido ao comprar o ingresso do imenso palácio que permanece uma propriedade privada da família que lhe dá o nome, na voz do príncipe de então (ainda não sei se é o mesmo, pois essa visita foi feita no ano 2000), ouvi parte da história dessa ancestral e de como foi poderosa em seu tempo, sendo cunhada do Papa Inocêncio X e considerada como possível amante do irmão do marido, ou seja, do próprio papa. Em uma das histórias contadas, se minha memória não distorce, ela teria tido uma ideia que aumentou imensamente a fortuna da família. Sabendo que a maioria dos peregrinos que visitava Roma passava por prostíbulos, instituiu uma taxa para cada programa, a qual ia para os cofres da família papal.

Vamos retomar a história dela do início, como me recordo estar narrada do livro. Ela era filha de um funcionário de um nobre de província na Toscana. Tinha mais uma irmã e um irmão. Desde cedo, revelou-se extremamente inteligente e com notável aptidão para a matemática, entre outras coisas. Instruída pelo seu pai no que tange aos negócios, logo se tornou *expert*. Todavia, pesava sobre ela e a irmã um destino sombrio, caso viessem a se casar, teriam de entregar um dote às famílias dos maridos, dividindo a limitada fortuna da família, incluindo o que caberia ao filho varão. Para não prejudicar o futuro do filho, havia o costume de entregar as filhas aos conventos para terem vida de freiras, pois o dote que era destinado aos conventos era muito menor do que caberia às famílias de futuros maridos.[7] Chegando à idade de se casarem, o pai as internou em um convento. Ciente de um recente decreto papal que permitia que filhas internadas contra a vontade em ordens religiosas poderiam denunciar os pais por tal

[7] A ideia implícita é a de que a mulher é um ônus para a família que a acolhe e, por conseguinte, esta última precisaria ser ressarcida do custo associado à noiva acolhida.

prática, visto que as ordens estavam ficando abarrotadas de moças cujos pais se livravam pelos motivos mencionados, Olympia fugiu e foi queixar-se ao bispo, escapando da vida monástica. Sua irmã, contudo, não teve a mesma ousadia e expediente. Olympia voltou para a casa dos pais e provavelmente seria vista pelo resto de sua vida como um estorvo – uma mulher desobediente e fora dos padrões. Um escândalo para a época. O impensável, todavia, ocorreu. Com seu carisma e sua inteligência, conquistou o nobre filho do patrão do pai, que veio a se casar com ela! Como era muito hábil negociante, logo multiplicou a fortuna do marido, tornando-se muito mais influente que seu próprio genitor. Teve um filho e logo em seguida um infortúnio. O jovem marido faleceu! Se tivesse se tornado viúva aos 40 (idade avançada no século XVII), poderia ter ficado sossegada em sua viuvez. Com 20 e poucos anos, isso era impensável, visto que uma mulher jovem sozinha era vista como uma ameaça à sociedade, pois, com sua sexualidade à flor da pele, tinha o diabo no corpo. Só lhe cabiam duas opções: mais uma vez entrar para um convento ou casar-se de novo. A segunda opção tinha o inconveniente que muitas mulheres atuais que criticam o feminismo se esquecem, que era o marido se tornar dono de seu patrimônio e poder fazer dele o que bem quisesse. Até há poucas décadas no Brasil, uma mulher não poderia ter um emprego ou viajar sozinha sem autorização do marido! E não poucas foram mortas com a anuência da justiça por alegada legítima defesa da honra por parte de seus maridos ou amantes assassinos.[8]

[8] A brasileira Eufrásia Teixeira de Leite, oriunda de Vassouras, na então província do Rio de Janeiro, recebeu uma grande herança no meio do século XIX. Seus tios a pressionaram a casar-se. Extremamente ousada para a época, recusou-se a obedecer ao ditame familiar e permaneceu solteira. Mudou-se para Paris e lá se tornou uma exímia mulher de negócios, chegando a investir na Bolsa de Valores. Coisas impensáveis para alguém de seu sexo. Tornou-se riquíssima (em padrões atuais seria bilionária). A despeito da paixão mútua entre ela e o notável Joaquim Nabuco, permaneceu convicta na sua solteirice para não abdicar de sua liberdade, o que seria inevitável, legalmente, caso contraísse núpcias. O marido

Constrangida ao casamento ou ao convento, ela optou pelo primeiro, mas de um jeito todo dela. Com a imensa fortuna que dispunha e que ela ajudou a multiplicar, colocou anúncio em um jornal de Roma em que declarava procurar um marido! Das ofertas que recebeu, ela fez uma triagem e escolheu um cujo irmão era um prelado com potencialidade, mas sem meios econômicos para ter sucesso. O palácio familial estava em péssimo estado e em uma região decadente e perigosa de Roma. Casou-se com esse marido de família ilustre, trinta anos mais velho, porém sem fortuna, e patrocinou a carreira do cunhado com muitas intrigas políticas e investimento em dinheiro. Ele tornou-se núncio na Espanha e, em não muito tempo, com o expediente auxílio da cunhada de quem se supunha também amante, foi eleito o Papa Inocêncio X, cujo espetacular retrato feito por Velasquez se encontra no mencionado palácio Doria Pamphilij, na Via del Corso. Ela tornou-se o verdadeiro poder por trás do trono.[9] Os poderosos do mundo, antes de ver o pontífice, dirigiam-se

tornar-se-ia dono da esposa e de tudo o que era dela. Ao final da vida, temendo o que pudessem fazer seus parentes cariocas com sua fortuna, estabeleceu sem que eles soubessem um testamento em que os excluía, deixando quase tudo para instituições filantrópicas de sua cidade natal. Sua história está contada no belíssimo livro *Um Mapa Todo Seu*, de Ana Maria Machado (Companhia das Letras, 2015). Tenho também em mente o assassinato da "pantera" e *socialite* mineira Ângela Diniz por Doca Street nos anos de 1970 e a absolvição dele, no primeiro julgamento pelo qual passou, alegando que o assassinato se deveu à legítima defesa de sua honra – quando nem marido ele era dela!

9 Seu filho tornou-se, com a eleição de Inocêncio X ao papado, o cardeal sobrinho (*cardinale nipote* em italiano – de onde vem o termo nepotismo). Os papas se cercavam de seus próximos para cuidar dos interesses da família que, em geral, enriqueciam astronomicamente durante seus reinados. O rapaz, contudo, em meio a um gigantesco escândalo, fugiu para casar-se com a riquíssima Olimpia Aldobrandini, renunciando ao *cardinalato*. Um sobrinho de Olympia foi feito o novo *cardinale nipote*, mas se revelou sem muitas habilidades e caiu em desgraça juntamente com a tia. Essa, no entanto, conseguiu reabilitá-lo e a si mesma, voltando ao poder supremo até a morte do papa, quando foi expulsa de Roma pelo novo pontífice, Alexandre VII. Morreu dois anos depois em sua vila no campo,

a ela, que realmente mandava em tudo. Governou o mundo cristão enquanto o cunhado foi vivo. No palácio arruinado da família e dos arredores, fez uma imensa transformação. O palácio é, desde então, um dos mais suntuosos da Cidade Eterna, e é hoje a Embaixada do Brasil (palácio Pamphilj); e os arredores foram intensamente modificados com a urbanização e a construção de igrejas feitas por Berninin e Borromini, resultando na extraordinária e única Piazza Navona! Sua imensa astúcia e habilidade estão detalhadas nesse livro fascinante.

Por que a menciono? Porque me interessa, e aos meus pacientes, o estado de mente em que uma pessoa consegue, à revelia de todo o contexto social, manter a cabeça livre e não ficar à mercê do lugar que lhe é atribuído ou mesmo imposto socialmente. Apesar das identificações projetivas, vê-se diferente de um pequeno bebê de colo que não tem como sair, fisicamente, do local onde é colocado. Olympia, Eufrásia, Paulo Autran,[10] Bibi Ferreira e Raul Cortez me parecem exemplos emblemáticos de pessoas capazes de se libertarem dos lugares que lhes foram atribuídos e nos quais deveriam permanecer. Diferentemente de pequenos bebês, emancipados, fizeram os caminhos e foram para os lugares mais em conformidade consigo mesmos.

Quando se é um bebê recém-nascido ou uma criança pequena, existe um real perigo de não ser acolhido ou aceito pelos pais. Os bebês e as criancinhas não possuem condições para sobreviver sozinhos. Dependem de quem cuida deles e podem, literalmente, morrer, caso sejam abandonados. Considero ser esse um dos fatores preponderantes que marcam nossas mentes na constituição da

---

na tentativa de escapar a mais uma onda de peste que assolava a Europa, mas a peste alcançou-a e matou-a.

10 Chegou a atuar como advogado durante sete anos. Participou de grupos amadores de teatro até que por insistência de Tônia Carrero tornou-se profissional e um dos maiores nomes do teatro, cinema e televisão do Brasil na carreira que seguiu.

necessidade de aceitação por parte de outrem. Também não somos animais que podem viver autônomos. Somos animais gregários e, em grande parte, nossa sobrevivência depende das relações que estabelecemos com os grupos de que fazemos parte. Todavia, com a maturidade psíquica, pode-se desenvolver a percepção de que não é mais necessário estar à mercê dos pais ou dos grupos em que nascemos ou que estamos inseridos. Não poder sobreviver sozinho não implica estar psiquicamente submetido às identificações projetivas dos pais ou do grupo. Não é necessário ficar no lugar que nos é atribuído. Tendo pernas para andar (física e psiquicamente falando), não precisamos ficar como bebês de colo no lugar em que nos colocam. Como já mencionei e dizia o Ferrão, se você vive sob um regime em que impera a Santa Inquisição e quer sobreviver, vá à missa e reze o Pai Nosso (crendo ou não) – mas não precisa estar psiquicamente subjugado.

Vêm-me à mente duas situações. A primeira de um atendimento que fiz há muito tempo em que um paciente de idade avançada e de origem judaica relatou que sua mãe teve a percepção no início dos anos de 1930 de que a situação na Alemanha ficaria muito assustadora. À revelia do resto da família, incluindo seu marido, insistiu, com todas as suas capacidades, que deveriam abandonar o país, mesmo com todos à sua volta dizendo que a situação seria passageira e que o bufão (Hitler) seria contido pelas instituições e pelas forças econômicas. Ela não se deu por vencida e lutou até convencer o esposo a irem embora. O resto da família, irmãos, primos etc., não lhe deu ouvidos. Vieram para o Brasil sem ter noção do que encontrariam, pois foi onde os aceitaram. O paciente relatou que sua expectativa ao chegar ao porto do Rio de Janeiro era de deparar-se com uma selva com animais selvagens. Houve certamente uma surpresa com o que encontraram. O resultado é que eles sobreviveram, mas todos os seus parentes foram exterminados no Holocausto.

A contrapartida está no filme *A queda! As últimas horas de Hitler*, de Oliver Hirschbiegel, de 2005 – ganhador do Oscar de melhor filme estrangeiro, com a extraordinária interpretação de Bruno Ganz como Hitler. No início do filme, vemos um alto oficial do exército que se engalona todo para encontrar o ditador no seu *bunker* em uma Berlim devastada e prestes a cair com a chegada do exército soviético. Ele vai se suicidar na frente do *Führer* porque não havia cumprido uma ordem que este havia lhe dado: não usou seus exércitos para atacar o inimigo. Antes do encontro, reúne-se com colegas que dizem que o ditador está louco e gravemente doente e que as ordens dadas não poderiam ser levadas adiante porque os exércitos a serem usados já haviam sido dizimados há tempos. O oficial, que está armado e já lutou e comandou exércitos, mesmo ciente disso, vai cumprir a ordem final de Hitler e se matar, porque ele era o *Führer* (o Condutor) e o havia ordenado. Esse filme é baseado em relatos reais feitos pela secretária pessoal de Hitler no *bunker*.

O que leva um homem que é um comandante e capaz de sobreviver a batalhas a obedecer cegamente a um outro que ele sabe estar louco? E, por outro lado, o que faz uma mulher, no começo do século XX (a mãe do paciente), subverter a suposta ordem de valores que lhe é atribuída e se ver livre para levar adiante sua intuição à revelia das pressões?

Considero que é a possibilidade de se ver rejeitado(a) pelos pais e pelo grupo sem se tornar um(a) rejeitado(a). É necessária a percepção de que ser efetivamente amado e respeitado só pode acontecer quando alguém se apresenta como de fato é. Ser amado não depende daquilo que alguém é – é uma capacidade do outro. Ela existe ou não. Um bebê deficiente e sindromático pode ser profundamente amado por pais que tenham essa capacidade. Um lindo bebê de comercial de TV pode não o ser por pais que não a tenham, ou não a desenvolveram. Para sobreviver, os bebês podem desenvolver falsos *selves* que atenderiam às expectativas e aos anseios de seus pais ou do grupo neles depositados. No entanto, na vida adulta, isso ainda é necessário?

Outro viés para liberação psíquica seria podermos aceitar nossos pais e o grupo de que fazemos parte como não correspondendo às nossas expectativas – às nossas identificações projetivas (Klein, 1946/1975). Se pararmos de nos esforçar para que eles (pais, cônjuges, irmãos, familiares, amigos, relações sociais) se tornem o que desejaríamos e aceitarmos que nunca se tornarão o que desejamos e o que existe não está aí para obrigatoriamente atender nossos desejos, poderemos nos dar conta de que tampouco existimos para atender o que se possa esperar de nós.

No que tange a identificações projetivas, no Primeiro Seminário Italiano Bion (2005, p. 12) relata que Melanie Klein estava aborrecida por ser rotulada kleiniana e que se considerava uma psicanalista comum que simplesmente seguia teorias estabelecidas em psicanálise. Em conversa com Betty Joseph, no entanto, esta disse a Klein que era tarde demais, que ela (Klein) era kleiniana e não tinha como escapar disso. Segundo Bion, isso foi lastimável porque ela não conseguiu reagir, vestiu a carapuça e passou a ficar presa nas próprias teorias que se tornaram dogmas, prejudicando a continuidade da investigação científica e o desenvolvimento de certas ideias de mérito que mereciam a chance de crescerem. Em contraponto, lembro-me da experiência com Betty Joseph[11] no auditório da Sociedade Brasileira de Psicanálise de São Paulo durante um seminário clínico em que ela disse que, a partir de "Transformações", tudo o que Bion havia escrito era obra de um velho gagá, louco e senil.[12] Ele não seguiu repetindo a cartilha "kleiniana" e seu pensamento, que muito utilizou as valiosas ideias de Klein, de Freud e outros pensadores, seguiu livre em busca do desconhecido, e não da corroboração de teorias. Na primeira Conferência Brasileira

[11] Betty Joseph fez importantíssimas contribuições à psicanálise e tinha uma belíssima intuição. Todavia, pareceu-me desastroso que ela tenha se tornado líder de uma teoria tornada seita que crucificava os que não diziam amém.

[12] Outro que presenciei falar de modo extremamente deletério de Bion durante um seminário na SBPSP foi Donald Meltzer.

de 1973 (Bion, 1974), ele narra a história da tumba do rei de Ur, em que a corte foi enterrada viva junto com o monarca. Seu nobre séquito tomou algum tipo de droga narcótica e foi sepultado com ele. Essa é uma analogia ao lugar que os psicanalistas podem ocupar quando se tornam discípulos de uma escola de pensamento que se tornou seita em que as teorias passam a ser verdades, e não construções transitórias em busca de aproximação com o que seria a realidade última (inalcançável), sempre passíveis de serem abandonadas, uma vez que os fatos revelem suas inadequações (conforme Popper, 1963/1982). Vendo-se sem espaço para expandir em Londres, a despeito de já ter sido presidente da British Psychoanalytical Society, mudou-se a convite para Los Angeles nos Estados Unidos, lá permanecendo 12 anos – até pouco antes de sua morte. Suas ideias, que não se prendiam ao estabelecido, sempre privilegiando o desconhecido, o não sabido e a dúvida permanente, floresceram por lá e em países como o Brasil e a Argentina, que visitou amiúde nos anos de 1970, para depois se tornarem mais assimiláveis na Europa (obras como *Cesura*[13] foram inicialmente publicadas no Brasil, antes de serem publicadas no hemisfério norte). Ele, contudo, temia que sua própria obra sofresse um processo de dogmatização, como costuma ocorrer com tudo o que passa a ser assimilado pelo *Establishment*.[14] O final do livro "*A memoir of the future* (...& Epilogue... Fugue... Dona Es Requiem... Many)" deixa esse temor/previsão explicitado.[15]

---

[13] Bion, 1977a.

[14] Infelizmente, como previra e achava inevitável como fenômeno humano, também vem se tornando moda e há leituras "místicas" de sua obra, como se fosse produto de algum profeta. Sua ideia de O, realidade última incognoscível proposta no texto "Transformações", é frequentemente interpretada como algo esotérico e já vi em reuniões sobre sua obra grupos reunidos em meditação para ter contato com O que não seriam diferentes de eventos observados em igrejas pentecostais.

[15] Em contraponto ao dogmatismo, durante minha análise com o Dr. José Longman (analista didata da SBPSP falecido em 1993), no início de minha formação no ano de 1987 (havia iniciado essa análise em 1982), fui secretário do então Serviço

Agora consideremos do outro lado do espectro, revertendo a perspectiva. Um analisando mencionava seu temor em tornar-se pai. Com o evoluir da análise, observei que seus comentários a respeito dos próprios genitores eram sempre bastante críticos e negativos. Fiz a observação de que se comportava em relação a eles como os adolescentes costumam fazer em relação aos próprios pais e adultos em geral. Do alto de uma grande superioridade, sempre saberiam fazer melhor do que eles e não fariam as coisas "estúpidas" e burras. Tendo a expectativa de ele mesmo tornar-se pai, estava ficando assustador tornar-se vitrine das pedras que costuma atirar. Não havia nele o sentimento de compaixão pelo humano e, como decorrência, se verificasse em si – como parecia ser o caso – a chance de cometer erros e tropeçar nas suas melhores intenções, não encontraria perdão. Dessa forma, também sua capacidade de aprender com a experiência se encontrava prejudicada, visto que isso só é possível se pudermos nos perdoar pelos equívocos – pequenos ou grandes – que possamos cometer. Havendo compaixão, é possível aprender com a experiência. Sem ela, o que resulta é a busca de um modo de funcionamento moralista em que se acredita haver certezas que

---

de Atendimento Psicanalítico, que era organizado pelos candidatos do Instituto Durval Marcondes da SBPSP. Para divulgar esse serviço em que os pacientes eram atendidos unicamente com quatro sessões semanais naquele tempo, fui conversar com o professor titular de psiquiatria de uma importante faculdade de medicina. Ele me recebeu cordialmente, porém dispensou-me dizendo que não acreditava que psicanálise servisse para alguma coisa. Deitando no divã no dia seguinte, relatei indignado a situação para Longman. Estava certo de que ele também reagiria com desdém à atitude do mencionado professor. Longman, ao contrário de minha expectativa, calmamente me indagou: "Professor titular de psiquiatria da faculdade tal". (Ressaltou o *professor titular* na voz). Eu disse que "sim". E ele: "E o senhor não levou em consideração o que ele lhe disse?". Surpreso, dei-me conta de minha presunção e de minha postura de desacreditar e desqualificar alguém que tivesse um ponto de vista diverso do meu – e sobretudo alguém que, para chegar à posição de professor titular, deveria ter uma longa e extensa experiência além de estudos aprofundados por anos e anos de vida.

tendem a cair no fanatismo e, frequentemente, na violência (contra outrem e/ou contra si mesmo).

Retomando o que disse previamente, a possível liberdade para sermos honestos e livres conosco está não só na aceitação de que jamais seremos aquilo que os outros possam esperar de nós, mas aceitar que os outros e a realidade não existem para corresponder às nossas expectativas.

Ser amado não é uma condição que depende do que somos. Amar é uma condição que se encontra no outro e que ele tem ou não. Não ser amado não constitui tampouco algo que implique uma desqualificação de quem somos. Não ser aceito e/ou amado por um bebê constitui-se grave ameaça à sobrevivência física e, em geral, tenta-se produzir, sobretudo quando o bebê capta fragilidades psíquicas por parte de quem ele depende, um personagem que seria tolerado por eles. Entre as coisas que podem ser evitadas e cindidas pelo bebê, está a demanda por continente para as angústias e impulsos afetivos e instintuais, já que não encontraria a função de *reverie* na mãe ou em quem dele cuida.

> *Bion: . . . O amor real não é uma função da coisa amada, mas da pessoa amar.*[16] *Essa é a parte da maturação psíquica ou mental e ela não é obstruída por aspectos acidentais da coisa ou pessoa amada. (Bion, 1991, p. 183)*

Em análise, o que se torna prioritário é a capacidade do analista de tolerar a demanda por continente psíquico para vivências primordiais que possivelmente não encontraram acolhimento na mente de seus genitores ou responsáveis. Frequentemente, vejo nas supervisões que faço o desejo dos colegas que me procuram de ajudar seus clientes a estabelecer um namoro ou a arranjar um emprego ou a sair de uma

---

[16] *Loving* no original em inglês.

relação abusiva. A observação acaba tendo um viés corretivo-moralista em que os pacientes podem se ver coagidos a mudar de atitude para atender à "melhora-cura" esperada pelos analistas. Chamo a atenção para qual seria a função desse ou daquele modo de funcionar. Uma pessoa pode preferir manter um relacionamento abusivo ou desgastado por temer entrar em contato com algo próprio que não pode suportar ou que nunca foi percebido. Antes um marido (ou esposa, ou companheiro-companheira) que seja visto como sendo a fonte das dores e tormentos do que se deparar com um imenso vazio e falta de sentido que possa vir a perceber na própria existência caso dele(a) se separe. Observo muito frequentemente ao não me ocupar da queixa do paciente e da explicação que já tem para seus tormentos, e tampouco da cura que almejam ter (namoro, sucesso profissional etc.) que a sala seja inundada por sentimentos intensos que me mobilizam profundamente. Em meio a uma fala em que a pessoa relata seus sucessos ou suas desventuras, posso ouvir sutilmente um choro que não é explicitamente manifesto na maneira que a voz emerge. Um leve tremor na fala pode indicar algo assim. Costumo assinalar e vejo primeiro reações de incredulidade por parte do paciente, para depois, à medida que percebe minha possibilidade de ficar em contato com essa emoção que capto, veja-se também inundado por emoções que teme não ser capaz de assimilar. Pode ser assustador, mas, se o analista for realmente capaz de acolher essas vivências (que pode implicar ele ficar bastante comovido ou mesmo observar em si toda sorte de reações emocionais para as quais precisa ser capaz de sentir e ao mesmo tempo ter uma distância para observá-las sem por elas ser arrastado de aluvião – o que somente ocorre se sua própria análise tiver sido muito extensa, intensa e profunda), o analisando poderá considerar e intuir que com o analista terá a chance de encontrar espaço para sofrer emoções que sempre estiveram nele, mas com as quais nunca pôde ter real contato. À medida que sinta que, por meio da análise, possa ampliar sua capacidade de conviver com intensidades emocionais e com a força das pulsões sem necessariamente desagregar-se ou ser arrastado por elas, amplia-se também sua condição de ficar em contato consigo mesmo e levar em conta sua experiência pessoal e aquilo que ela lhe ensina. Além disso, com a maior tolerância de suportar maiores níveis de angústia e frustrações, poderá sentir que, mesmo sendo rejeitado por próximos ou pelo grupo, contará com a própria companhia e acolhimento. Estando em maioria consigo mesmo terá maior condição para lidar com o fato de ser uma minoria. Melanie Klein (1963/1975), em seu trabalho "Sobre o sentimento de solidão", deu-se conta de que a principal fonte de sentimentos de abandono e solidão está em uma dissociação de um indivíduo com ele mesmo. Desenvolveu seu trabalho a partir de sua própria experiência pessoal, em que, mesmo se vendo bem-sucedida profissionalmente e socialmente acompanhada por amigos, percebeu-se solitária a despeito das circunstâncias ambientais.

Nesse artigo, ela escreve:

> *Todavia, os sentimentos da criança a respeito do mundo externo não são coloridos unicamente por sua projeção, mas a relação factual da mãe com seu filho é de formas indiretas e sutis influenciada pela resposta do bebê para ela. Um bebê satisfeito que suga com alegria, acalma a ansiedade de sua mãe; e a alegria dela se expressa no seu modo de lidar com ele e alimentá-lo, portanto, diminuindo a ansiedade persecutória dele e afetando sua habilidade para internalizar um seio bom. Em contraste, a criança que tem dificuldades na amamentação pode fomentar a ansiedade e a culpa da mãe e, dessa forma, influenciar desfavoravelmente a relação dela com ele. . . . Para concluir, desejo reafirmar minha hipótese de que a despeito da solidão poder ser diminuída ou aumentada por influências externas, nunca pode ser completamente*

> *eliminada, porque o impulso*[17] *em direção à integração, assim como a dor experimentada no processo de integração, surgem de fontes internas que permanecem poderosas através da vida. (Klein, 1963/1975, p. 312, tradução nossa)*

Complemento com a citação de Bion no seminário italiano 6, (2005, p. 59): "Não há como evitar o fato fundamental de que sempre se é dependente e só".

Em "Torre de Babel: possibilidade de uso de um mito racial", Bion (1992b) se refere a uma invariante que é a existência de um Deus que se opõe à curiosidade e ao conhecimento. Essa invariante pode ser igualmente observada nos mitos do Jardim do Éden (e na decorrente expulsão dele associada à severa punição, uma vez que a curiosidade é exercida, e ao não atendimento de uma obediência sem questionamentos) e no de Édipo. A tendência em direção ao vínculo que possa ser estabelecido entre os fatos observados na experiência é atacada e igualmente a linguagem que torna a cooperação possível, incluindo a da pessoa com ela própria, visto que o *insight* que possa alcançar pode confrontar com os dogmas estabelecidos.

Considero que os mitos mencionados organizam, tal como propõe Bion, uma fórmula geométrica, a situação de passagem da infância para a vida adulta. Quando bebês ou criancinhas, o questionamento da ordem estabelecida ou das expectativas neles depositadas, sobretudo dependendo do ambiente em que se encontram, pode ser vivido como extremamente perigoso e grave para a sobrevivência. À análise, caberia evidenciar o caráter do Deus (substituto dos pais como propõe Freud?) com o qual convivem e ao qual estão devotos ou submetidos. A necessidade de haver certezas e garantias e o terror

---

17 "urge" em inglês.

de viver em um mundo em que isso não existe levam, igualmente, ao apego às garantias dogmáticas. A emancipação do pensamento por meio da curiosidade e do próprio discernimento dissipa a percepção de que possa haver garantias e certezas. Tal como no mito do Éden, Adão e Eva não são despojados de suas roupas – percebem que estão nus. Seus olhos passam a enxergar a realidade em que não há garantias ou certezas e tudo na vida depende de esforço e condição para enfrentar adversidades. Estamos sós para enfrentar o que se apresentar! E sem jamais saber o que de fato se apresentará em seguida. A crença infantil é a de que os adultos não têm angústias, que eles têm respostas para tudo (tal como o Deus do Éden)! Quando crescer, tudo ficará mais fácil! A realidade da experiência da vida revela que, quanto mais nos desenvolvemos, mais ignorantes nos percebemos e que certezas... só nos mitos ou nas promessas messiânicas a que tantos se agarram.[18] A maturidade e a liberdade psíquicas dependem da condição de conviver com dúvida e falta de garantias. O percebido é sempre algo que precisa ser revisto pela experiência e ideias não correspondem à verdade última, mas são sempre tentativas de aproximação do que seria a realidade última inalcançável ("O" como a denominou Bion [1965/1977b, p. 17]).

Emancipar-se é, portanto, a capacidade de tolerar maiores níveis de angústia, e não o contrário. Implica viver sem um Deus que garanta e reassegure – não estou entrando no mérito da existência ou não de Deus, mas de um Deus que tudo garantiria caso não seja contradito (ou pelo menos na encarnação do mesmo por aqueles que se dizem os representantes Dele, como se passa com sacerdotes de todas as religiões que se apresentam como sendo a voz e a palavra Dele). A emancipação aparece com o conhecimento advindo da experiência e a convivência com a constante angústia diante do desconhecido e da ausência de certezas. Por outro lado, paradoxalmente, a confiança

---

[18] Ver Bion (1961/2001) e Freud (1921/1978).

que uma pessoa possa adquirir em si mesma e em seu discernimento está intrinsecamente ligada ao fato de que seu conhecimento é oriundo de sua experiência prática – e não há substituto real à experiência, mesmo que ela não produza certezas e ausência de dúvidas. A experiência é o maior recurso de que uma pessoa pode dispor. Na ausência de contato com e reconhecimento da experiência – e essa costuma ser objetada porque nunca é adquirida sem vivenciar dor e frustração, ensaio e erro –, a inclinação é a busca de certezas dadas por "autoridades" (que na infância são os pais, porque os filhos não possuem mesmo experiência) que garantem e dão certezas. Resta, contudo, sempre um fundo persecutório, pois nunca se sabe se o caminho apontado pela autoridade levará mesmo a bom destino – salvo quando há uma violenta cisão em que toda possibilidade de haver dúvida e questionamento é escindida junto com partes do aparelho psíquico que conteriam dúvida. Qualquer pessoa ou grupo que apareça e possa levantar uma fissura no pensamento cego e fanático que se estabelece precisará ser destruída. Em análise, pode-se observar o anseio de analisandos em tornar seus analistas autoridades que pensem em seus lugares e que também se tornem responsáveis por eles. A contrapartida também é um sentimento de perseguição, com motivo, caso isso se efetue. Quando sou empurrado para assumir tal posição, eu costumo brincar dizendo que, na próxima sessão, o paciente deveria vir com uma procuração na qual passa tudo o que tem de bens para que eu cuide e administre. Quando se espantam, digo que é o que me solicitam quando me colocam com a responsabilidade de cuidar deles e pensar por eles. Mesmo que eu não aja de má-fé, aquilo que pode ser muito bom para mim como escolha pode não ser para eles. E sendo eu um mortal comum, o que impede que eu mesmo faça escolhas equivocadas?

É também um grave risco o analista responsabilizar-se por seus pacientes, pois pode vir a ter de responder legalmente pelas ações deles. Pacientes psicóticos são *experts* em mobilizar o grupo para responsabilizar seus terapeutas por suas atitudes. Podem dessa forma destruir a carreira profissional e pessoal de quem se dispõe a auxiliá-los, se não estiver atento e percebendo esse perigo.[19]

O analista não deve atender alguém que não se veja e seja capaz de ser responsável por si mesmo. No caso de crianças, os pais ou responsáveis precisam estar acompanhando o atendimento e sempre deve haver um deles aguardando na sala de espera enquanto a criança é atendida.

O trabalho da análise é para ajudar o paciente a reconhecer e se valer de suas capacidades.[20] A emancipação psíquica de autoridades e a possibilidade de viver uma vida própria de acordo com os próprios valores e discernimento não podem ocorrer se o analista ficar no lugar de autoridade e de responsável pelo analisando.

O pavor de ser abandonado pelo grupo (pais-família e expansões do grupo familiar na sociedade) pode ser percebido como um preço muito caro a ser pago. Por outro lado, o que pode levar alguém a bancar-se seria perceber que a única vida que de fato temos é a que estamos vivendo e o tempo é escasso e urge. Produzir o personagem que seria amado e desejado por terceiros não faz a pessoa se sentir

19 Ver Bion, 1992a, p. 103, sobre o que ocorreu com Millais Culpin.

20 Uma amiga contou-me um episódio que lhe ocorreu quando também se analisava com o Dr. José Longman. Iniciando sua análise com ele, e vindo de experiência terapêutica anterior, começou a chorar e, deitada no divã, esticava seu braço na direção dele, que estava sentado atrás. Ele, surpreso, perguntou o que ela queria. "Pegar na sua perna? Na sua mão? Do que se tratava?". Ela disse: "O senhor não vai me dar lencinhos?". Ele retrucou: "Que lencinhos?". Ela: "Oras, na terapia que eu fazia, sempre que eu chorava, o terapeuta me passava lencinhos de papel para eu enxugar as lágrimas.". Longman: "A senhora trouxe sua bolsa?". Ela: "Sim, por quê?" (irritada). Ele: "Onde está sua bolsa?". Ela: "Na sua mesa do outro lado da sala.". Ele: "Tem lencinhos na sua bolsa?". Ela: "Sim, tem.". Ele: "Então por que a senhora não se levanta e pega lencinhos na sua bolsa? Se a senhora tem recursos, por que não os utiliza?". A colega disse que no momento pensou em se irritar, mas depois se deu conta de como era importante o que ele estava a lhe dizer.

realmente amada. Ela fica escrava desse personagem "aceito" e permanentemente perseguida quanto à possibilidade de que sua real pessoa (que nem sabe direito quem seria) venha a ser percebida e revelada. O amor real só pode ser por aquilo que se é efetivamente. A tranquilidade de sentir-se amado é indissociável da percepção de que o que é valorizado é a realidade de quem se é, e não uma tentativa de produzir aquilo que seria desejável. A grande estrela de cinema dos anos de 1940/1950, Rita Hayworth, ao ser indagada sobre o porquê de seus casamentos fracassarem, respondeu: "Os homens vão dormir com Gilda[21] e acordam comigo". Gilda foi seu mais famoso papel em que interpretava uma sensualíssima cantora-dançarina de um cabaré de Buenos Aires (de estúdio de Hollywood).

A falta de relações reais é desesperadora. Algumas pessoas alcançam extraordinários níveis de sucesso profissional e social e permanecem extremamente angustiadas. O personagem produzido é idealizado e valorizado pelo grupo e pela comunidade. No entanto, a própria pessoa não tem vez. Não estou implicando que quem alcança sucesso e prosperidade é infeliz. Considero que o problema é quando o "triunfo" é obtido não pela realização genuína do indivíduo, mas pelo falso *self* produzido que deixa o *self* verdadeiro excluído e de expectador da vida que o personagem vive, mas não ele mesmo.

A coragem para enfrentar o grupo e atender-se – e tal atitude não implica necessariamente assumir modos não convencionais de vida –, mas de não estar à mercê das expectativas alheias ou mesmo próprias, surge quando alguém sente que pode reconhecer e aceitar aquilo que realmente experimenta e vive: seus sentimentos, seus desejos, suas peculiaridades, sejam elas vistas como favoráveis ou não. Tal como uma mãe, pai ou casal amoroso que realmente acolhe o filho que teve, seja ele como for, essa atitude/função precisa

---

21 Vidor, C. (Diretor). (1946). *Gilda* [filme]. Columbia Pictures.

desenvolver-se no íntimo de cada um.[22] O que seria originalmente uma função de pais atenciosos, amorosos, capazes de compaixão e realistas passaria a existir dentro do próprio analisando.

Estando em maior contato com seu verdadeiro Eu, os sentimentos de solidão podem ser mais bem suportados porque, mesmo que isolado, o indivíduo conta, antes de tudo, com sua própria companhia e amparo. Dessa forma, pode aguardar o encontro de relações mais genuínas e fazer escolhas que lhe sejam mais apropriadas e que tenham real estima por quem de fato é. Escolha real é algo que depende de paciência; é para quem pode esperar. Esperar só é possível para quem possa ter a si mesmo como boa, compassiva e amistosa companhia.

Referências

Bion, W. R. (1974). *Conferências brasileiras 1*. Imago.

Bion, W. R. (1977a) *Two papers: the grid and caesura*. Imago.

Bion, W. R. (1977b). Transformations. In *Seven servants: four works by Wilfred R. Bion*. Jason Aronson. (Trabalho original publicado em 1965)

Bion, W. R. (1991). *A memoir of the future*. Karnac.

Bion, W. R. (1992a). *Cogitations*. Karnac.

Bion, W. R. (1992b). Tower of Babel: possibility of using a racial myth. In: *Cogitations*. (pp. 226-241). Karnac.

Bion, W. R. (2001). *Experiences in Groups and other papers*. Brunner-Routledge. (Trabalho original publicado em 1961)

---

[22] Identificação projetiva do bebê – acolhimento e *reverie* da mãe → devolução ao bebê como experiência assimilável → introjeção do seio que acolhe e elabora que pode passar a existir no interior do ego.

Bion, W. R. (2005). *The Italian seminars*. Karnac.

Freud, S. (1978). Group psychology and the analysis of the ego. In: *The standard edition of the complete psychological works of Sigmund Freud* (Vol. 18). Hogarth. (Trabalho original publicado em 1921)

Fugard, A. (1993). *The Road to Mecca*. Theatre Comunications Group. (Trabalho original publicado em 1985)

Herman, E. (2012). *Senhora do Vaticano*. Objetiva.

Hirschbiegel, O. (Diretor). (2005). *A queda! As últimas horas de Hitler* [Filme]. Constantin Film.

Klein, M. (1975). Notes on some schizoid mechanisms In *The writings of Melanie Klein* (Vol. 3. Envy and gratitude and other works, pp. 1-24). Hogarth. (Trabalho original publicado em 1946)

Klein, M. (1975). On the sense of loneliness. In: *Envy and gratitude and other works 1946-1963*. Hogarth. (Trabalho original publicado em 1963)

Machado, A. M. (2015). *Um mapa todo seu*. Companhia das Letras.

Popper, K. R. (1982). *Conjecturas e refutações*. Ed. Universidade de Brasília. (Trabalho original publicado em 1963)

Proust, M. (1986). *A la recherche du temps perdu*. Gallimard (Folio). (Edição original, conforme texto de la Pléiade, de 1954)

4. Encontros reais e encontros virtuais[1]

A paciente entra no consultório e segue para o divã de um modo bastante peculiar. Já faz algumas semanas que observo essa sua forma de se movimentar. De modo diverso de como praticamente todos os demais deitam, que é sentar-se no meio do divã, em seguida, fazer um meio círculo para colocar os pés na direção da borda oposta ao travesseiro e esticarem o torso para encostar a cabeça no travesseiro, ela dirige-se até o extremo do móvel oposto à cabeceira, senta-se lá com os pés no chão, recolhe-os, deita-se com a barriga para cima, e passa a se arrastar, impulsionando-se com os braços e mãos, até sua cabeça chegar no divã. Algo muito mais trabalhoso e custoso. Chamo sua atenção para aquela maneira de se deitar e pergunto se era como costuma fazer em sua cama. Ela diz que não e menciona que lá se deita da forma que me referi e que me parece mais habitual e observável. Indago-lhe, então, o que a levava a arrastar-se daquela

---

1 Trabalho publicado anteriormente em *Alter – Revista de Estudos Psicanalíticos da SPBsb, 37*(1), 79-90.

maneira no meu divã. Ela diz não saber, mas que ali só consegue fazer daquele modo.

Evidencia-se um fato a ser investigado, um comportamento muito peculiar da analisanda quando entra no consultório que indicaria algo significativo de seu funcionamento psíquico que não é comunicado por associações.

Outra paciente encontra-me no hall de entrada do prédio e acaba subindo no mesmo elevador. Ela parece ter ficado desconcertada. Indaga-me qual é o andar que deve apertar e eu tenho de lhe informar a despeito de ela já vir há meses. Saindo do elevador, abro-lhe a porta do conjunto e ela fica perplexa sem saber para onde ir e, novamente, preciso lhe indicar a sala de espera, na qual ela já havia estado inúmeras vezes.

Quando finalmente a chamo e ela se deita, digo-lhe que parecia que algo muito perturbador parecia ter lhe acontecido ao me encontrar fora da sala de análise onde sempre costuma me ver. E a partir daí começa nossa conversa.

O analisando chega ao consultório. Está bem vestido e perfumado. Entretanto, ao final da sessão, a sala está impregnada por um forte cheiro desagradável, como o de alguém que teria passado dias trabalhando sob sol a pino sem se higienizar. O que é que se passa? Nos hospitais psiquiátricos, conhece-se o cheiro do paciente esquizofrênico. Não quero dizer que esse é necessariamente o cheiro do paciente, mas é um odor muito notório. Aparentemente suas associações não trouxeram nada muito destoante, mas o cheiro que ficou na sala é evidência de algo primordial em desacordo com a fala inodora.

Bion (1962/1977a), na Introdução de *Learning from experience*, menciona o caminhar peculiar de um paciente que propõe ser função da inveja e rivalidade do analisando em relação a uma moça e ao parceiro dela.

Outra analisanda entra no consultório, passa por mim, que estou junto à porta que abri para ela e tenho a impressão de que não me vê. Deita-se e passa a queixar-se de maneira intensa e violenta de colegas de trabalho e de quase tudo o que elas estariam lhe fazendo. Após vários minutos, tenho a impressão de que não fala de pessoas ausentes, mas de que todas elas estão presentes e quase sou levado a palpitar sobre esse ou aquele evento, como se os testemunhasse. Considero que a paciente está "alucinando"[2] toda a situação e que também sou convidado a alucinar junto e me meter na briga por ela referida. Digo-lhe que parecia que ela não tinha me visto ao entrar na sala e que talvez até aquele momento ainda não tivesse chegado ao meu consultório. Ou se tinha, que havia entrado com uma multidão de pessoas as quais me levava a observar (possivelmente para que eu não a visse nem suas dificuldades). Ela parece não dar sentido ao que falei e volta a reclamar das colegas e a apontar seus defeitos e desmandos. Porém, após alguns minutos, ela se detém, faz uma cara de espanto, e exclama perplexa: "Como essa sala é iluminada! Ela sempre foi assim? Como entra sol aqui!". Eu, então, teço o seguinte comentário: "Tenho a impressão de que é a primeira vez que você efetivamente viu o meu consultório".

Como é possível estar atento a situações como essas por meio de uma tela?

Vendo-me forçado pelas circunstâncias dramáticas e mortíferas, também passei a fazer a totalidade de meus atendimentos on-line até receber a terceira dose da vacina para covid-19 e os pacientes estarem igualmente vacinados (alguns tiveram a doença e se recuperaram, uns poucos ficando com algumas sequelas como a perda do olfato e do paladar). Com exceção de pessoas que moram em cidades mais

---

2 O termo *alucinar* deve ser compreendido do ponto de vista psicanalítico, conforme as contribuições feitas por Bion em seu texto "Transformations" (Bion, 1965/1977b).

distantes, retomei todos os atendimentos presencialmente, mantendo alguns cuidados básicos como o uso obrigatório de máscaras, janelas abertas, maior distanciamento entre minha poltrona e o divã, papel-lençol como os que se usa em macas de consultórios médicos, trocado a cada paciente, e uma boa borrifada de álcool em gel cada vez que um analisando deixa a sala. Todos os que moram em São Paulo quiseram prontamente retomar o atendimento presencial, com exceção de uma única pessoa com um comprometimento mais significativo de saúde, uma comorbidade, cujo atendimento permanece virtual. Todos sentiram-se muito satisfeitos por retomarem o contato real – e eu também.[3]

Verifiquei na minha experiência, que parece corresponder à de muitos colegas, que o atendimento online revela-se muitíssimo mais cansativo que a experiência presencial. Ao final dos primeiros dias, sempre me via exaurido. A despeito de precisar sair de casa e deslocar-me para o consultório, indo e vindo (num total de quatro deslocamentos diários), minha disposição física e para a tarefa é significativamente maior.

Durante o auge da pandemia, com os atendimentos todos online, alguns colegas disseram que o trabalho de análise havia ficado mais fácil e que muitas angústias experimentadas presencialmente pelos pacientes não eram vividas nesse outro modo e passaram a advogar a maior utilidade do atendimento online que tornaria os atendimentos menos estressantes para os analisandos, ajudando-os em suas associações.

Efetivamente, duas pessoas fechadas em uma sala durante 50 minutos é uma vivência que mobiliza dimensões primordiais, primitivas e profundas em ambas as partes. O que à primeira vista tornaria o

---

[3] Desde o final de 2022, os atendimentos presenciais retomaram o formato que existia antes da pandemia.

atendimento mais fácil para analista e paciente, a meu ver, constitui-se uma considerável perda. As pessoas que nos procuram não têm como evitar se defrontarem nos seus cotidianos com situações relacionais nas quais essas camadas profundas se apresentam, quer queiram ou não. Na análise, quando essas aparecem, e na companhia de um analista que possa suportar essa turbulência mobilizada em ambos, ele pode auxiliar o paciente a assimilá-las, ir se habituando a elas. Caso isso venha a ocorrer, na medida em que se torne consciente delas e do que podem mobilizar, ele poderá tornar-se capaz de pensar na vigência delas. Se houver esse desenvolvimento, poderá tornar-se capaz de negociar com essas vivências primordiais e primitivas, quase sempre turbulentas, em outras situações relacionais em que elas se manifestarão. A análise é uma espécie de laboratório – como os de física ou química – em que situações temidas e vividas como potencialmente explosivas e terroríficas podem aparecer sob o olhar e o acompanhamento de alguém que esteja habituado a elas (a partir de sua própria análise pessoal) e tornarem-se igualmente administráveis para o analisando.

Não me oponho aos atendimentos online. Como já mencionei, durante muitos meses foi a única via possível (assim como ocorreu com todos os meus relacionamentos familiares e de amizade) e um modo importantíssimo e vitalizante de nos mantermos em contato e propiciar um grau considerável de saúde mental por não nos vermos completamente isolados de todos e do trabalho. Para mim, contudo, e ao que parece para muitos colegas com quem mantenho contato, ao contrário da suposta facilidade, são extremamente mais cansativos por conta da necessidade de focar horas na tela e da dificuldade de manter-se a atenção de maneira análoga à que existe na presença física do outro. É preciso prestar atenção a sutilezas mínimas. Com pessoas que fazem questão de nos olhar de frente há também o desgaste no trabalho aumentado, pois o divã permite que possamos nos ocupar de outras dimensões que são prejudicadas pelo aspecto social que inevitavelmente se impõe no olho a olho. Outra questão prática que afeta o trabalho é a necessidade de um esforço a mais para se manter a atenção no monitor e não haver dispersão, por parte do analista e também do analisando, da tarefa que nos ocupa. Alguns analisandos, por iniciativa própria, e outros por sugestão minha, passaram a arrumar seus quartos, consultórios, escritórios etc., em um simulacro de consultório, deitando-se em suas camas, divãs ou sofás como se estivessem no meu divã, posicionando seus celulares ou computadores de modo que eu pudesse vê-los do mesmo ângulo que os veria da minha cadeira no consultório. Isso em parte também nos ajudou a direcionar o paciente para suas questões pessoais e distanciá-lo do interesse no meu rosto, nas expressões que eu faço, do ambiente em que me encontro, que necessariamente suscita a curiosidade do analisando, sobretudo quando não se trata da minha sala de consultório. Nem todos, porém, tinham a condição de fazer isso, ou nem sempre.

Lembrei-me também de um episódio narrado por um colega que já fazia atendimento online de uma pessoa que estava em outro estado antes da pandemia. Ao contatar o paciente pelo Skype, deparou-se com ele seminu, envolto em uma toalha de banho, deitado em sua cama, comendo uvas (!!!), como um imperador romano à espera de um escravo sexual. Como seria atender ou não um paciente que se apresentasse assim no consultório? Há condições para isso? Essa é uma situação mais extremada do problema de ser o paciente quem decide qual é o *setting* e não o analista.

No que tange às questões de confidencialidade, considero que surgem algumas que trazem maior preocupação. Nunca podemos saber o que está do outro lado da linha. Não somos nós que determinamos o *setting*, mas o paciente. Isso implica situações potencialmente perigosas. Lembro-me aqui de uma colega cuja paciente adolescente ligou no horário da sessão e a analista deu-se conta de que o fazia de dentro do carro em que rodava com a mãe e que essa ouvia tudo. A analista, ciente da questão ética envolvida, disse à analisanda que não poderia atendê-la naquelas condições e que somente quando ela se visse em situação de privacidade poderiam conversar.

Atendi, no auge do *lockdown*, um analisando que tinha frequentado por anos o consultório, de dentro de seu carro na garagem de seu prédio, pois o apartamento em que morava era pequeno e outros familiares poderiam ouvir tudo em casa. Quando era noite, eu mal podia enxergá-lo, pois nem todas as luzes do local em que ficava o veículo permaneciam acesas e ele tampouco queria que os vizinhos que passassem por lá o vissem sendo atendido.

Os atendimentos somente de voz são ainda mais preocupantes. Não temos a menor ideia de onde está o paciente e muito menos se há outras pessoas testemunhando a conversa, e qual uso podem fazer dela.

Chamo a atenção também para a possibilidade de sermos gravados e eventualmente editados para fins que possam ser espúrios, pois nem todos que nos procuram o fazem necessariamente para se ajudarem. Certamente, também podemos ser gravados em nossos consultórios, mas isso requer um esforço maior e recursos diferenciados.

Em "Transformations" (Bion, 1965/1977b, p. 29), Bion fala da importância do O compartilhado por paciente e analista, ou seja, o ambiente, o consultório, o *setting* estabelecido pelo analista. Ressalta a importância do conhecimento que o profissional precisa ter de sua sala, dos móveis (de preferência sólidos e constantes), dos barulhos da vizinhança, para que possa ter noção da condição mental do paciente a partir das transformações feitas por ele no momento. Em outras palavras, se suas reações ou associações parecem advir dos elementos ou acontecimentos observáveis no ambiente ou vêm inteiramente de uma realidade que se passa na cabeça do paciente, que não parece se relacionar com os estímulos presentes na sala do consultório durante a sessão. Se em movimento rígido, em que operaria a transferência conforme Freud e Klein, visto que suas reações estariam em conexão com elementos sensorialmente observáveis pelo analista e pelo analisando – o O comum da sala e do que nela ocorre, ou em transformações projetivas ou em alucinação, em que as reações parecem surgir de algo que se passa na realidade psíquica do paciente e o estímulo não é observável pelo analista – este precisará inferi-lo a partir do que se desenrolar. Sem o O compartilhado do consultório isso fica bem mais complicado. No atendimento online, seria importante que nos diferentes dias de atendimento pelo menos certo conjunto de invariantes pudessem estar presentes, como o ambiente em que o analista e o analisando se colocam e as condições em que ele se apresenta na câmera.

Uma analisanda, a despeito de morar em uma casa grande, sentia que o único local em que dispunha de alguma privacidade era o banheiro trancado de seu quarto. Havia, subjacente, um desconforto de além de ter sua intimidade psíquica exposta, algo da sua intimidade doméstica também o era, o que me causava certo desconforto. Ela dizia, contudo, que aquele era o local mais protegido de sua moradia e no qual era menos plausível que se visse exposta. Todavia, volta e meia era interrompida por demandas domésticas ou solicitações dos filhos ou marido. O clima de iminente invasão do *setting* que perpassava nossos atendimentos antes do retorno aos atendimentos presenciais foi uma constante. Ela sentiu-se extremamente aliviada por ter o espaço do consultório para o qual pode se dirigir e separar-se física e psiquicamente dessas interferências.

Outra analisanda, já tendo retomado os atendimentos presenciais, solicita por WhatsApp, pouco antes do horário de sua sessão, que ela fosse feita online, pois não queria pegar o trânsito para chegar e correr o risco de atrasar-se. Respondi que estava disponível para atendê-la somente presencialmente. Quando ela chega, no horário, menciona entre outras coisas a raiva que experimentou por eu não ter aceito seu pedido. Entre minhas observações, comentei que ela esperava ser tratada como uma princesa e que se sentiu humilhada por ter de vir até mim e eu não ir até ela, deixando claro ser sua a necessidade de análise e não minha, que ela estava lá porque tinha uma necessidade real para a qual não gostaria de ter de considerar realmente. Esse esforço de vir ao consultório do analista, procurá-lo e a análise, fica borrado no atendimento online, em que o analista acaba "indo" até onde está o analisando.

A questão ética a que mais chamo a atenção aqui seria a crença de que o trabalho online poderia substituir o trabalho presencial, o que penso ser completamente inviável. Como paliativo na falta de alternativa, mostra-se bastante válido, mas, como já descrevi, a intensidade do mundo primordial, primevo, subtalâmico, suprarrenal, tal como propõe Bion, fica muito mais difícil de ser captada ou mesmo impossível em várias dimensões.

Até agora não mencionei outro fator complicador: as frequentes interrupções de comunicação, os congelamentos e distorções de imagem e som e toda uma série de percalços, como as quedas de comunicação que às vezes não voltam em meio a falas importantes ou crises de angústia e choro dos pacientes, que necessitam ser tolerados nas situações em que se tornou imperativo o isolamento social, mas que constituem um obstáculo a mais diante de tantas outras dificuldades psíquicas inerentes ao próprio labor psicanalítico.

Não havendo opção, considero que é de muito valor podermos recorrer aos meios eletrônicos, tanto no trabalho quanto nos relacionamentos pessoais, porém penso não ser possível confundir a qualidade de uma vivência presencial com aquela intermediada por uma mídia. Qualquer um que tenha parentes ou pessoas amadas que estão a grandes distâncias sabe o quão valioso é dispor dos meios de comunicação da atualidade, mas ninguém sente que pode substituir um encontro real com uma pessoa amada por esse tipo de comunicação virtual. Tão logo as viagens puderam ser retomadas, logo os voos lotaram de pessoas indo ao encontro de familiares e entes amados.

Com as redes sociais, quanto "sexo", namoros e paixões acontecem no mundo virtual. Às vezes, nem as pessoas que se relacionam são reais, mas produtos de golpes de toda ordem e, por incrível que pareça, quantidades assombrosas de dinheiro ou outros recursos são transferidos para contas de grandes amores que nunca aparecem ou que sempre encontram ou sofrem um grande problema para poderem atravessar oceanos e pedem mais dinheiro. E quantas grandes paixões não terminam na primeira vez em que os enamorados se encontram, visto que aquilo com que se deparam pouco tem a ver com o imaginado por meio de uma tela. Ou ainda, mesmo que a imagem corresponda, pode ocorrer uma decepção por conta de um cheiro ou um tipo de pele não se mostrarem compatíveis com a química um do outro.[4]

Para terminar, lembro-me de um filme pré-internet, mas do tempo dos *reseaux* telefônicos, *Denise calls up*. Ele começa com uma festa frustrada porque nenhum dos convidados que sempre se comunicaram por telefone compareceu. O dono da festa está jogando toda a comida preparada para a recepção no lixo. As pessoas não conseguiam suportar o contato real, presente. As relações, se é que dá para se chamar dessa forma, só eram toleradas em um mundo virtual.[5]

---

4 Um conhecido relatou-me que, depois de meses atendendo um paciente online do qual via apenas dos ombros para cima, levou um susto quando o viu pessoalmente pela primeira vez. Da imagem na tela, acreditava que era um homem magro, pessoalmente, abaixo do que revelava a imagem virtual, havia uma pessoa muito obesa.

5 Outro conhecido queixou-se de que havia se retirado de um grupo de WhatsApp em que todos eram aparentemente amicíssimos. Contudo, ficou frustrado ao dar-se conta de que nenhum deles tenha procurado contatá-lo em particular depois de ter saído do grupo.

Uma conhecida falou-me recentemente do metaverso proposto pela empresa de Mark Zuckerberg. Nele, as pessoas vão criar avatares de si mesmas em que, tendo dinheiro real, poderão pagar para terem em um mundo virtual tudo o que quiserem, caso possam arcar com os custos não virtuais. Poderão comprar casas, roupas, carros, obras de arte, ir a restaurantes e festas virtuais etc., onde encontrarão os avatares de outras pessoas que também terão nesse metaverso suas casas, roupas, obras de arte etc., que só existirão virtualmente, mas cujo preço será pago com recursos reais. Em contraponto, li uma reportagem que menciona que no Vale do Silício já há escolas para a elite em que todo o mundo digital é excluído, pois consideram que a elite que dominará o mundo lidará com o que é real, e que os pobres, dominados, viverão mergulhados no mundo virtual. Assustadoramente não nos coloca muito longe daquilo proposto em filmes como *Matrix* ou *1984*.

Mudando um pouquinho a atmosfera para chegar ao final deste capítulo: minha experiência de sair de casa para ir ao consultório e voltar, encontrar presencialmente os analisandos com a vivacidade dos encontros presenciais, vitaliza minha mente de modo incomparável. É preciso ter a alma alimentada por encontros reais, para que ela se mantenha saudável. Encontro virtual tem mesmo como substituir o real?[6]

---

6 Outra colega que advogava os atendimentos virtuais como sendo superiores aos presenciais disse que lhe dei um "golpe baixo" quando perguntei se encontrar seus filhos e netos que moram no exterior via computador era a mesma coisa que os encontrar pessoalmente. Ela estava muito ansiosa para revê-los depois do tempo em que isso foi impossível com o fechamento das fronteiras.

Referências

Bion, W. R. (1977a). *Learning from experience.* In *Seven servants: four works by Wilfred R. Bion*. Jason Aronson. (Trabalho original publicado em 1962)

Bion, W. R. (1977b). Transformations. In *Seven servants: four works by Wilfred R. Bion*. Jason Aronson. (Trabalho original publicado em 1965)

Castelo Filho, C. (2021/2022). Encontros reais e encontros virtuais. In *Alter – Revista de Estudos Psicanalíticos da SPBsb*, *37*(1), 79-90.

5. A epopeia do herói ou profeta enviado pelos deuses a um mortal comum que exerce sua profissão:[1] a religião e a religiosidade que permeiam as práticas psicanalíticas

A Psicanálise surgiria como um fenômeno efêmero, retratando forças na superfície da qual a raça humana tremeluz, chameja e evanesce em resposta à não reconhecida porém gigantesca realidade. O ponto prático é não fomentar a investigação da psicanálise, mas da realidade que ela revela. Esta precisa ser investigada por meio de padrões mentais; isto que é indicado não é um sintoma; isto não é uma causa de sintoma; isto não

[1] Publicado originalmente na *Revista IDE, 44*(73), 25-38, junho de 2022. Foram feitos alguns acréscimos ao texto original para a publicação neste livro, com autorização. Todas as citações deste capítulo são traduções livres do autor.

é uma doença ou qualquer coisa subordinada. A própria psicanálise é apenas uma listra no pelo de um tigre. Em última instância, ela pode encontrar o Tigre – a Coisa Em Si – O. (Bion, 1991b, p. 112)

Roland: Você era responsável por todos os nossos problemas sexuais, suponho?
Diabo: Certamente não. Sexo, como o xerez, frequentemente produz sentimentos perfeitamente genuínos de amor e afeição. Eu me valia de vários professores religiosos e moralistas para inflamar o ódio moral e o ódio para aquelas práticas agradáveis e inofensivas. (Bion, 1991c, p. 445)

Bion – Ou talvez você tornou-se amorosa (loving)?
Alice – Não, eu amo Rosemary.
Bion – Se você estiver certa, você tornou-se capaz de amar (loving).
Alice – Pensei que, como psicanalista, diria que sou homossexual.
Bion – Ao contrário, tanto quanto sou capaz de "ser", contrastando com "tendo a pretensão" de ser, um psicanalista, penso que você está incorreta ao dizer que você ama Rosemary se você for homossexual; você deve tornar-se capaz de amar. Tornar sexual é parte da maturação física. O amor real não é uma função da coisa amada, mas da pessoa amar (loving). Essa é a arte da maturação psíquica ou mental e ela não é obstruída por aspectos acidentais da coisa ou da pessoa amada.
Eu mesmo – Entre os aspectos que você chama "acidentais" você está incluindo o sexo da pessoa?
Bion – Certamente; sexo aplica-se à anatomia e à fisio-

> *logia e, como é habitual no caso de quando falamos da mente, foi usurpado pelos psicanalistas porque temos de nos haver com uma linguagem inventada para a vida física ou "experiência sensual". "O amor apaixonado" é a coisa mais próxima que eu considero para expressar uma transformação verbal que "representa" a coisa em si, a realidade última, o "O", tal como o denominei, aproximando-se a ele. (Bion, 1991b, p. 183)*

> *O amor apaixonado não é apenas físico ou mental, mas um desenvolvimento da fusão de ambos. (Bion, 1991b, p. 472)*

Nas curtíssimas vinhetas clínicas que menciono a seguir, uso o tempo presente, o que não implica que o tempo verbal coincida com a atualidade do material, pois é oriundo de 35 anos de trabalho no consultório. São usadas como modelos e como tais devem ser lidas.[2]

Nestor já passou por algumas análises anteriores em outro país. Depois de um tempo do término da última e de seu retorno ao Brasil, procurou-me. Evidencia-se a angústia em ser julgado por mim, visto que se vê envolvido por desejos e eventuais práticas que "já deveria ter superado" ou "sublimado". Tem uma vida profissional e social bem-sucedida, conforme as convenções estabelecidas. Contudo, anseia e tem eventuais aventuras fora dos padrões moralmente julgados como corretos. Sua forma de me relatar tais episódios e desejos implica um julgamento moral e uma classificação diagnóstica, ou seja, convida-me a enquadrá-lo em algum tipo de "perversão", "neurose" ou "psicose". Comunico-lhe essa minha impressão, de que, para ele, na análise, teríamos de achar as causas de suas patologias e que aquilo que me descreve caberia em algum escaninho de decrepitude mental.

---

2 Os nomes são ficcionais e tomei de empréstimo a Homero e a Virgílio.

Segundo ele, os analistas anteriores insistiam para que cuidasse de seu casamento e deixasse essas coisas de lado. Comportava-se conforme o "figurino", mas, após algumas semanas em que estava de acordo com o que devia ser "certo", entrava em desespero, precisando recorrer a medicamentos como Diazepam para fugir da tensão que experimentava e, às vezes, o entorpecimento o levava a situações de falta de atenção que poderiam ser consideravelmente perigosas.

Propus que deixássemos esse viés médico psiquiátrico ou "psicanalítico" em busca de um diagnóstico com viés de valor, desincumbindo-nos desse vértice para podermos ter contato com algo real, de pessoas reais e sem o *a priori* de que o que está vivendo seja algo de errado.

Também assinalei que ele temia estar comigo, tanto quanto a minha possibilidade de recriminá-lo para que se comportasse "bem" e o desprezasse caso não o fizesse, que eu não agisse como censor, deixando-o à mercê de seus desejos, anseios, turbulências e impulsos, pois sentia não dispor de suficiente capacidade de administrar o que vivia, temendo ser levado de aluvião caso as "repressões" fossem levantadas. Minha ideia não era tampouco uma psicanálise para tirar a repressão, mas para ajudá-lo a desenvolver capacidade suficiente de reconhecer, nomear e assimilar aquilo que experimentava, de modo a ter condição de pensar e negociar com seus sentimentos, impulsos e desejos e, assim, levá-los a algum acordo, a um caminho em conformidade com seus próprios interesses, sem se tornarem desastrosos. Nem sempre o que se deseja é realmente o que se quer. Às vezes, quando frustrados, desejamos matar alguém que não queremos, de maneira alguma, que seja efetivamente destruído.

Cassandra, em condições similares, narra uma série de ambiguidades nos seus desejos sexuais. A despeito de ter uma excelente relação amorosa e física com o marido, muito satisfatória, sente que lhe falta algo. É uma pessoa muito culta e sensível, muito produtiva e bem-sucedida no seu trabalho. Já passou por outras experiências analíticas nas quais se sentiu constantemente instada a cuidar de seu casamento e "evoluir" desejos que não seriam "ortodoxos". Sente-se constrangida por ver que eles voltam a se apresentar, mesmo tendo se esforçado para viver durante muitos anos uma vida burguesa respeitável na qual alcançou grande sucesso social. Sente-se sufocada nessa condição e, ao mesmo tempo, apavorada em dar qualquer abertura para as coisas que a tentam. Seu receio, análogo ao de Nestor, é de que eu a despreze pela sua falta de "crescimento" e "evolução", sua fala sempre implica me informar sua "patologia" de modo a encontrarmos suas causas e o possível caminho da "cura". Informo à paciente essa minha observação e também proponho que deixemos esse modo de enxergar e encarar as coisas. Que ficássemos descomprometidos da busca da doença e da cura e pudéssemos aprender a partir do que se apresentasse.

Há, contudo, outro receio que também lhes propus considerar. Se eu não for uma autoridade moral que os corrija, que possam me sentir como um demônio que quer levá-los ao abismo, tal como Cila ou Caríbdis ou alguém tão "inferior" quanto eles próprios se considerariam por não ficar chocado ou reprimir o que me discorrem.

Recebo Helena para entrevista: uma mulher extremamente bonita e atraente, na faixa de 40 anos de idade. Vestia-se com um belo traje, certamente de alguma grife cara, mas que tinha uma particularidade: ele moldava completamente seu corpo e salientava, de modo não vulgar, mas evidente, todos os contornos e volumes de sua silhueta. Logo ao se sentar na poltrona à minha frente, passa a queixar-se da maneira como é abordada pelos homens, sempre explicitamente sexual, erótica, não sendo percebida como algo mais que isso, até mesmo pelo próprio marido. Comento que observava o modo como se vestia: sua roupa era bonita e elegante, possivelmente de alguma loja de prestígio, mas que também tinha como traço marcante salientar todos os seus atributos físicos de uma forma bastante notória. Querendo ou não, essa era a primeira notícia que ela deu ao entrar. Destaco que não tinha nada a me opor ao seu modo de se vestir, mas também não podia negar o efeito que, certamente, tinha sobre quem a via. Ela se espanta com meu comentário e depois diz: passei dez anos indo a outro terapeuta. Toda vez que ele me recebia na porta de seu consultório, eu via que punha os olhos nos meus peitos, mas em seguida fazia cara de psicanalista e nunca falamos sobre isso.

Durante uma supervisão, ouço a pessoa que me apresenta o caso relatar, durante cerca de 20 minutos, sua preocupação quanto ao que teria acontecido de estranho ou traumático à analisanda que, após muitos anos de casamento, viu-se apaixonada por outra mulher, sem que nunca houvesse experimentado nada similar em toda a sua vida pregressa. Proponho que ouvia a situação como se algo errado e patológico estivesse, necessariamente, acontecendo com a paciente, sem que ela considerasse aquela nova situação como mais uma das possibilidades humanas, mesmo que surpreendente para aquela que a vivenciava, sem que fosse algo antinatural ou desviante. A supervisionanda se espanta e admite que havia um preconceito de sua parte e um intuito de corrigir a paciente e percebe que minha observação havia lhe permitido acessar outra perspectiva.

Em um atendimento, ouço Ganimedes, cujas relações são, preferencialmente, com homens, queixar-se de ser execrado ou visto como alguém que está mentindo ou falsificando algo quando, às vezes, sente atração genuína por uma mulher e se relaciona com ela, sobretudo por parte de seus amigos homossexuais. Sente-se muito chateado e vítima de preconceito que provém de pessoas que costumam sofrer preconceito.

Nos atendimentos que faço, na minha posição de analista e com as titulações que possuo, a grande maioria dos analisandos e supervisionandos considera que estou longe de ter qualquer contato com essas "baixezas" humanas e que eu seria algo para além de um deus olímpico (pois estes são bastante sexualizados e tomados por rancores, fúrias, paixões, crueldades etc.) e flutuaria em um âmbito sublim(e)ado e des-encarnado. Alguns me tomam como um oráculo ou profeta. O contraponto é ser percebido como um demônio ou feiticeiro, caso não corresponda a essas idealizações. Tanto em uma dimensão como na outra (na verdade, dois lados de uma mesma moeda) a situação é persecutória e precisa ser evidenciada. O desprezo pelo analista-ser-humano comum também é o que pode se seguir uma vez desfeita a ilusão. Cabe ao analista sustentar a desilusão e sua queda dos céus ou infernos para a terra dos mortais comuns.

Verifico amiúde nos meus atendimentos, em um primeiro momento, uma espécie de surpresa e às vezes um choque, por parte dos analisandos, pela forma direta e sem rodeios que abordo questões relacionadas à sexualidade e a outros temas que são vistos como tabus, como racismo, inveja, ódio, ciúme, mesquinhez, evidências de estados religiosos de mente, sobretudo dos que se acreditam não religiosos, de uma maneira que pretendo apenas descrever essas questões humanas e deixá-las explícitas para que delas possam se dar conta, sem que isso implique uma meta de correção ou cura, mas torná-las conscientes para que se possa pensar com base nelas e possivelmente negociar com elas a partir do momento em que se tornem reconhecidas e assimiláveis.[3]

[3] "P. A. – Eu me arvoro o direito de dizer coisas que são psicanálise correta apesar de serem dolorosas. Um cirurgião usa o bisturi, mas não se corta a carne por conta da dor que se inflige. Um sádico pode ser um cirurgião de modo a encobrir um prazer proibido. Eu posso ter de demonstrar que um paciente estava obtendo prazer subreptício da sobrevivência – sobrevivência ativa – de uma ideia emocionalmente carregada de que eu era um pai infligindo punição corporal" (Bion, 1991a, p. 548).

Considero que a naturalidade com que me expresso livremente está associada ao longo tempo de análise pessoal a que me submeti.[4] Isso me permitiu ter um considerável contato com minhas próprias questões e limitações, para não me julgar capaz de olhar os outros de cima para baixo. Sinto-me muito receoso e preocupado quando me vejo diante de psicanalistas "curados" que pairam acima dos mortais comuns, "sublimados" de toda carnalidade e de limitações humanas.[5] É necessário fazer a travessia do Mediterrâneo e nos depararmos com todos os nossos Polifemos, Circes, Calipsos, Tífons, sereias, sátiros, centauros, Aquiles, Eneias, Turnos, Diomedes, Amatas, Camilas, Mezêncios, e entrar e sair do Hades etc., a fim de termos uma efetiva noção daquilo que nos habita para poder lidar com essas entidades que nossos analisandos nos trazem toda vez que entram em nossas salas.

> *Não há postulante à análise que não tema os elementos psicóticos nele existentes e não creia poder atingir um ajustamento satisfatório, sem que se analisem esses elementos. Uma solução desse problema é particularmente perigosa para quem estiver engajado em dar formação: o indivíduo busca lidar com dito medo tornando-se candidato, de sorte que o fato de ser aceito para formação possa ser tomado como um atestado oficial de imunidade passado por aqueles que melhor se qualificam para sabê-lo. Com a ajuda do próprio psicanalista, poderá seguir*

4 Penso que cinco anos de análise didática são apenas o aperitivo da refeição que precisa ser feita, para que viagens em grande profundidade possam ser realmente possíveis.

5 "Considero a ideia de o desenvolvimento ser terapeuticamente significativo menos importante que a de que ele seja psicanaliticamente significativo. . . . Toma-se de empréstimo à religião ou à moral ou à política julgamentos de valor moral ou social, sem que se leve em conta sua aplicabilidade à psicanálise. . . . O desejo de ser um bom analista é um obstáculo a que seja um analista" (Bion, 1967, p. 138).

> *fugindo de se defrontar com o seu temor e terminar por vir a ser um pseudo-analista. Devido à identificação projetiva (na qual não acredita), sua qualificação como analista consiste na capacidade de se vangloriar de se haver libertado da psicose – motivo por que menospreza os pacientes e os colegas. (Bion, 1967, pp. 143-144)*

Para vários dos analisandos que atendo, o que se segue é a surpresa de se verem falando de coisas que nunca haviam mencionado para ninguém, que mal e mal conseguiam admitir pensar sobre (ou rechaçavam tacitamente) e, tampouco, haviam conseguido expor as situações que conversam comigo a nenhum outro terapeuta ou mesmo psicanalista com quem já haviam estado. Ao contrário, tendiam a produzir a melhora que acreditavam que era deles esperada, incluindo a necessidade de preservar casamentos, *status quo* e valores morais. Têm a ideia de que um psicanalista seria alguém que já teria superado essas questões e que, para alguém tornar-se um analista, deveria estar livre das "tentações" humanas. O alívio vivido no decorrer da análise é notório, visto que sentem que podem realmente se expor sem julgamento ou expectativa de alteração de seus modos e condutas. Também fica evidente o medo de ficarem sem rédeas e à mercê de suas sereias. A alta frequência nos atendimentos em análise, preferencialmente quatro sessões por semana, permite um espaço físico e mental de acolhimento das angústias do analisando, para que essas forças poderosas possam se tornar conhecidas e administráveis sem que sejam necessárias correntes, enclausuramentos ou evitar que velas sejam içadas para navegar pelos sete mares e que descobertas possam ser feitas. O principal instrumento para tal é que a mente do analista esteja acostumada a navegar por borrascas e a conversar com toda sorte de entidade que possa se manifestar durante essa odisseia. Esse equipamento mental é o que também permite que o analista se disponha a ter contato intensivo e extenso com seu paciente, e que o estimule a aceitar tal desafio, intuindo que o primeiro é um navegador experiente.[6]

Penso que o modo normativo e "evolutivo" de perceber e lidar com a sexualidade e outros aspectos da natureza humana é religioso,

---

[6] Um navegador experiente não é um insensato. Lembro-me de três episódios que me foram narrados de situações difíceis no mar. No primeiro, um grupo de turistas havia contratado um passeio de saveiro pela Baía de Todos os Santos em Salvador. Na volta do idílico passeio pelas ilhas, uma violenta tempestade se abateu sobre a embarcação. Ondas violentas a sacudiram e caiu uma chuva torrencial. Todos os passageiros com exceção de um ficaram em pânico, começaram a gritar e se desesperar. Quando chegaram a salvo ao porto, os desesperados indagaram ao que ficou tranquilo fumando um cachimbo, sentado em um banco, como havia conseguido manter aquele fleugma. Ele respondeu que ficara observando o capitão no timão. Viu que ele estava tranquilo. Considerou que faria jus se desesperar na hora que o visse se desesperar. Não foi o que viu durante todo o trajeto. No segundo evento, um amigo atravessava em um *ferry boat* o Mediterrâneo de Atenas para Creta. O curso da embarcação foi alterado e esta foi se abrigar à sombra de um imenso rochedo no meio do mar. Surpreendeu-se de ver abrigados não só outros *ferries* e pequenos barcos, mas um gigantesco porta-aviões da marinha norte-americana. Um alerta de possível tsunami havia sido dado e mesmo os equipamentos mais poderosos e modernos não desprezaram as forças titânicas e foram se proteger delas, sem hubris. Na terceira narrativa, uma amiga me contou que recebera parentes do exterior e contrataram um barco, por um dia inteiro, para visitar as ilhas em torno de Paraty-RJ. O céu estava azul e não havia uma nuvem sequer. Não muito tempo depois do passeio iniciado, o barqueiro disse que iam parar em uma ilha adiante, abortando o passeio. Os turistas se revoltaram e começaram a reclamar se sentindo logrados. O barqueiro só disse que iriam para aquela ilha o mais rapidamente possível e assim prosseguiu por mais que todos protestassem. Essa amiga disse que algo espantoso se deu poucos instantes depois de descerem à terra nessa ilha. O céu completamente azul se escureceu rapidamente e uma tempestade violentíssima caiu. Certamente, o barco teria afundado se o navegador não fosse capaz de perceber o dilúvio no céu azul. A análise longa, intensa e extensa do analista não o tornará um deus olímpico capaz de domar ou evitar tempestades, mas poderá torná-lo apto a percebê-las antes que se tornem realidades manifestas e provavelmente com consequências desastrosas. Intuição e premonição são talentos inatos, porém necessitam ser desenvolvidos pela longa epopeia de uma análise efetiva.

valorativo, moral, repressor e deletério, e é exercido por muitos de nossa atividade profissional. Ouvi certa vez o comentário de uma figura conhecida e respeitada de que o verdadeiro e *superior*[7] prazer é *mental – as outras satisfações são espúrias e inferiores*. Outro também mencionou durante um encontro científico que certas coisas (sexuais) são somente para ser pensadas, mas *nunca* atuadas. Outro ainda disse que relações entre pessoas de mesmo sexo eram coisas de loucos, que o "certo" é homem com mulher.[8]

Não me parece muito diferente do que papas, bispos, cardeais, pastores ou rabinos poderiam dizer.

---

[7] A palavra *superior* foi proferida em um tom pernóstico e impregnado de afetação autoritária.

[8] No 53º Congresso de Psicanálise da International Psychoanalytical Association, ocorrido em Cartagena de Indias, na Colômbia, em julho de 2023, Mark Solms, que passou os últimos 30 anos revisando a *Standard Edition* das Obras completas de Freud, narrou que acrescentou inúmeros textos que Ernest Jones teria excluído dessa publicação, mormente no que tange a severas e bombásticas críticas que Freud fez aos norte-americanos e seu puritanismo religioso e sobre os homossexuais. Jones não queria aceitar que homossexuais se qualificassem analistas porque isso ofenderia o público a que ele, Jones, queria ter acesso com a psicanálise. Segundo Solms, Freud ficou completamente indignado com Jones e colocou-se veementemente contrário à sua proposta, dizendo que a homossexualidade não era problema e que o que deveria decidir se alguém poderia ser ou não qualificado pela IPA era a sua capacidade para ser analista, e não sua orientação sexual, a qual era apenas uma das maneiras da sexualidade se manifestar e evoluir em um ser humano. Jones, contudo, desconsiderou e sonegou a resposta de Freud e constituiu esse veto que só mais recentemente está sendo derrubado. O texto em que Freud associava a dedicação dos homens cristãos a Jesus à homossexualidade e que estendia essa observação ao presidente norte-americano Woodrow Wilson foi só há muito pouco tempo reconhecido como sendo de sua autoria, pois, em virtude do escândalo potencial associado a ele, teve sua autoria negada até por sua filha Anna. O encontro do original autografado por Freud o colocou na nova edição revisada da Standard, que está no prelo. Esse manuscrito já foi publicado recentemente pela Editora Blucher no Brasil.

Na igreja católica, chegou-se à conclusão de que os homossexuais poderiam ser acolhidos desde que não praticassem sua sexualidade. Como contrapartida, diz o sério pesquisador Fréderic Martel em seu livro *In the closet of the Vatican* (2019),[9] baseado no testemunho anuente e gravado de 41 cardeais, 52 bispos e 45 núncios apostólicos (e pesquisas feitas durante cinco anos em todos os continentes e em arquivos dos serviços de polícia e secretos da Europa, América Latina e Estados Unidos), que a grande maioria dos prelados é homossexual; e mesmo aqueles que têm um virulento discurso "antigay" são homossexuais e têm sexo com outros homens e com prostitutos. O aspecto mais impactante do livro, contudo, não é a hipocrisia da incoerência entre a virulência homofóbica e misógina do clero, com verdadeira e intensíssima vida sexual dentro e fora dos muros do Vaticano, mas a associação com os narcotraficantes da Colômbia e do México. Esses estavam ligados a cardeais que constituíram ordens religiosas associadas aos mais escabrosos escândalos de violência e pedofilia, como o assassinato sistemático de sacerdotes opositores, para o financiamento de suas guerras anticomunistas conservadoras. Menciona também, a despeito dos sermões moralistas, as ligações íntimas de cardeais corruptos e pedófilos no Chile, Alemanha, Argentina, Peru, Polônia, vários países da África etc. com seus respectivos ditadores Pinochet, Videla etc. e seus milhares de assassinatos e torturas de presos políticos.

O que menciono não se restringe, obviamente, à igreja católica. Escândalos sexuais, de corrupção e violência impregnam todas as demais seitas religiosas e, volta e meia, recebemos a notícia de pastores puritanos sendo pegos com prostitutas ou garotos de programa, gurus acusados de estupro etc. Praticamente todas as instituições humanas são permeadas pelas mesmas questões, incluindo institui-

---

[9] Em português, *No armário do Vaticano* (Editora Objetiva). O original francês tem um título bem mais significativo: *Sodoma: une enquête au coeur Du Vatican* (Éditions Laffont). Um eminente cardeal no Vaticano, ao receber o jornalista para uma entrevista, lhe disse: "Bem-vindo a Sodoma".

ções científicas, esportivas e também psicanalíticas. Vale a pena dar uma olhada na extensa biografia do livro *False self – The life of Masud Khan* (Hopkins, 2006), escrita pela norte-americana Linda Hopkins, em que explicita as guerras intestinas e violentas entre e intra elas.

Eu poderia me estender por mais uma infinidade de situações similares que angustiam os analisandos e analisandas (e sobremaneira os que estão no nosso campo de trabalho) porque penso que efetivamente existe em nosso meio uma grande confusão entre um viés psicanalítico/científico e um viés moral/religioso, frequentemente confundido com algo científico.

O viés moralista e religioso pode ser vivido como extremamente importante para pessoas que precisam de um exoesqueleto, pois não sentem que dispõem de algo que as sustentem por dentro. Não reconhecem o equipamento emocional e mental para administrar suas turbulências internas e impulsos contraditórios, agarram-se inconscientemente a estruturas fechadas e morais que substituem a ética que seria desenvolvida, caso houvesse uma condição interna para tolerar as oscilações das posições esquizoparanoide e depressiva, pela moral estabelecida de fora para dentro. O medo de que tal estrutura lhes seja subtraída pode tornar a análise aterrorizadora e mesmo catastrófica. A manutenção dela também as leva ao temor de morrerem em vida sem poder usufruir dela. A análise poderia auxiliá-las no desenvolvimento do equipamento mental para assimilar as turbulências e intensidades, tanto das angústias quanto dos prazeres, pois mesmo os autênticos podem ser vividos como insuportáveis, caso suas intensidades sejam percebidas como disruptivas para um frágil continente mental. Se isso ocorre, a estrutura moralista externa poderia ser abandonada sem que a ela se faça combate, pois algo mais eficaz, interno e ego-sintônico se desenvolveria para negociar com essas intensidades e, se possível, encaminhá-las para um rumo mais favorável aos próprios interesses do indivíduo. Penso que tal encaminhamento é o que está descrito em *A memoir of the future*, em que o psicanalista faz a intermediação, a apresentação e a mediação da conversa entre as diferentes tendências da mente (incluindo as dele mesmo) de um analisando, de modo que ele possa desenvolver essa conversa e negociação interna e prescindir do analista quando isso ocorre. O rumo que o analisando decidir tomar diz somente respeito a ele mesmo. Bion destaca a importância do aspecto religioso de todos nós por meio de personagens como o diabo e o sacerdote.[10] Em um diálogo com o sacerdote em "The past presented" (Bion, 1991c), ele contrasta o vértice do psicanalista com o do primeiro ao explicitar que, como cientista, ele não poderia dizer que Deus não existe.[11] Ele mesmo nunca teve a realização de tal ideia de Deus, mas, sendo um investigador, não pode partir da premissa da não existência Dele, pois isso fecharia a pesquisa e a abertura para o desconhecido. O vértice religioso do sacerdote não permite aceitar a não existência de Deus, estando fechado para o encontro da realização dessa pre-concepção caso ela se apresente.[12] O investigador sempre mantém a dúvida. Contudo, o psicanalista (P.A.) ressalta sua abertura para uma possível (porém, até então, não encontrada) realização da ideia de um Deus que não ofenda a sua inteligência.

Esse problema da moralidade já se evidenciou com Freud e com a ideia de perversão (que originalmente significava um não desenvolvimento do que ele denominava de finalidade genital do sexo, mas que tem, desde então, ficado associada à ideia de maldade

[10] "P.A.: Não tenho dúvida do 'fato' de religião como uma parte, talvez uma parte inalienável, do caráter humano." (Bion, 1991c, p. 521).

[11] "P.A.: Certamente. Não tenho dificuldade em aceitar que exista tal possibilidade, mas até o ponto que minha limitada capacidade permite-me alcançar a verdade, eu não experimentei a realidade da qual você fala." (Bion, 1991c, p. 342).

[12] "*Devotees of religion often do not appear to develop any increase of mental ability* – Devotos da religião amiúde não parecem desenvolver qualquer aumento na capacidade mental." (Bion, 1991c, p. 549).

quando se diz que alguém é perverso) e sublimação (e esquece-se o quanto a sublimação – um fenômeno físico – fica confundida com o sublime, superior em contraponto ao carnal-inferior). Freud, como aponta muito bem Roudinesco (2014) em sua recente biografia dele, era um homem do século XIX e, apesar de ser um crítico severo da religião, muito de seu pensamento, observações e teorias estaria imiscuído por toda a sua pesada herança religiosa e preconceitos de um homem de caráter de patriarca bíblico.

Sua posição em relação às mulheres, e como as considerava, deixa isso muito patente, assim como acreditava, segundo Roudinesco, que o lugar das mulheres era efetivamente no lar, cuidando dos filhos. Obviamente, contradições paradoxais dessa sua crença também apareciam, pois, se não idealizarmos Freud (o que para muitos psicanalistas é praticamente uma blasfêmia), podemos percebê-lo cheio de incongruências[13] irreconciliáveis.[14] Nessas contradições de Freud vemos o grande apreço e admiração que teve por mulheres notáveis como Lou Andreas Salomé, Marie Bonaparte e a abertura dada a elas para se juntarem ao movimento psicanalítico e se tor-

13 Que podem ser verificadas na postura antiprofeta da citação de "The ego and the id" (Freud, 1923/1978a) que faço adiante.

14 Alguns colegas torcem o nariz para o livro que menciono a seguir, pois seria o testemunho de uma pessoa pouco considerável, já que foi a governanta da família Freud por mais de 30 anos, e cujo comentário desqualificante que ouvi de uma colega graduada indicava claramente que pessoas da classe dela ("esse tipo de gente") não mereceriam ser levadas a sério. No entanto, acho o livro altamente interessante para revelar Freud e sua família (incluindo sua filha Anna) como criaturas cheias de características iguais às dos demais mortais, encarnadas e com vicissitudes tão humanas e comuns. O livro, que não contém quaisquer julgamentos de valor por parte da governanta, que trata o que relata com muita naturalidade e respeito, choca os que anseiam por um Freud zen e por sua família estando "acima de qualquer suspeita", chama-se *Dia a dia com a família Freud: depoimentos da governanta Paula Fichtl* (Berthelsen, 1996). O anseio em preservar um Freud idealizado e "santo" sequer permitia que o livro pudesse ser considerado ou lido pela colega.

narem psicanalistas em uma época em que sistematicamente eram podadas explícita ou veladamente em atividades profissionais. Da mesma forma, sua carta para a mãe de um rapaz homossexual[15] e sua abertura e apoio à filha que também o era explicitam essas oscilações humanas do grande gênio. Todavia, cedeu à pressão de Ernest Jones quanto à continuidade de acesso à formação analítica de candidatos assumidamente homossexuais (ver nota de rodapé 8).

Em *Manuscrito inédito de 1931* (Freud, 2019) verificamos a censura sofrida por Freud do trabalho que desenvolveu com William C. Bullit sobre o presidente Thomas Woodrow Wilson, quando seus comentários sobre a sexualidade do governante norte-americano e as implicações dela na adesão ao catolicismo por parte dos homens cristãos foram completamente subtraídos da publicação de Bullit, e a colaboração de Freud só foi redescoberta recentemente no meio de documentos encontrados do primeiro.[16]

No seu artigo escrito com Oppenheim, "Dreams in folklore" (1911/1978), Freud não teve pruridos em colocar todos os palavrões e descrições sexuais explícitas neles contidos. Todavia, significativamente, o trabalho só foi publicado em 1958! O que evidencia a necessidade de o grupo psicanalítico tornar-se social e "moralmente" respeitável, conforme cânones morais e religiosos estabelecidos, fugindo do contato com a verdade que lhe cabe.

Em "The occurrence in dreams of material from fairy tales" (Freud, 1913/1978b), houve a frequente amenização ou mesmo supressão de passagens mais explícitas nas traduções inglesas.

---

[15] Também incluída na nova versão da Standard Edition conforme informou Mark Solms no 53º Congresso Internacional de Psicanálise da IPA, em julho de 2023, já mencionado na nota de rodapé 8.

[16] Também mencionado na nota de rodapé 8.

Ao cotejar traduções para o português de importantes textos em inglês que contêm material com conteúdo sexual explícito e com palavrões, vejo que muitas vezes o texto é transformado em linguagem científica ou culta, excluindo o impacto emocional que as palavras originais contêm, distorcendo a proposta do autor.

Bion tornou muito clara a distinção de um trabalho psicoterapêutico, psiquiátrico, médico, religioso, de um trabalho psicanalítico. As ideias de cura e melhora não caberiam em um trabalho psicanalítico, propriamente dito, que visaria apenas a apresentar o paciente a ele mesmo, para que possa ser ele mesmo, seja lá o que isso venha a ser.[17]

Em *Bion in New York and São Paulo*, podemos ler:

> *Q: Quais são as causas da inibição para se pensar adequadamente? Preguiça? Busca de facilidade? Ou emoção?*
> *Bion: Pode haver todas essas causas, mas não estou certo de que seja muito iluminador considerar apenas os obstáculos. Não obstante a maneira com que queira expressar alguma coisa em você mesmo – tal como um compositor ou um escritor – todas essas abordagens são difíceis, em parte porque muitos dos primeiros anos da vida são gastos no esforço de se tentar livrar de quem você realmente é. Como você diz, há uma inibição, uma obstrução. Uma criança tenta ser boa, tenta ser quem ou o quê ela pensa que seu pai ou sua mãe quer que ela seja; uma grande parcela de tempo é gasta em tentar não ser quem ela ou ele realmente é. Portanto, é difícil mudar para querer*

[17] "Deve-se fazer uma distinção no emprego dos termos 'psicótico' e 'insano'; um analisando pode ser psicótico e insano, bem como psicótico e são. É útil admitirmos um tipo de progresso analítico que vai da psicose insana à sanidade psicótica" (Bion, 1967, p. 133).

> *expressar quem você é; é como mudar a direção do seu pensamento. (Bion, 1980, pp. 106-107)*

Quando ouvimos ou lemos um artigo psicanalítico que descreve o progresso do paciente de uma situação em que era devasso, desconsiderava os filhos e a família, traía a esposa e não ganhava dinheiro para uma em que virou um esposo e pai exemplar e passou a ter um bom trabalho e ganhar dinheiro, estamos diante de uma situação em que alguém efetivamente se desenvolveu ou houve um desastre em que alguém se tornou a caricatura do que se espera dele (incluindo o psicanalista). Pode ser que com a análise a pessoa possa ter se encontrado consigo mesmo e essa descrição possa estar em conformidade com o desenvolvimento de reais possibilidades dela, mas, mais amiúde, parece-me que houve um desastre valorizado social e moralmente, com forte teor religioso e dogmático.

> *Talvez possa depender, também, se a personalidade do analista permite que o paciente o coloque no lugar de seu ego ideal, o que envolve a tentação para o analista de interpretar o papel de profeta, salvador, ou redentor do paciente. (Freud, 1923/1978a, p. 50)*

Considero que toda análise – não só a assim chamada pelas instituições psicanalíticas – é didática, e distingo nitidamente de uma análise pedagógica (que para mim não é psicanálise). A análise didática é importante e necessária para as instituições que cuidam da psicanálise e de seu desenvolvimento. Deveria ser exercida por analistas reconhecidos pela instituição que os avaliou como tendo noção realista (e não teórica) do que seja propriamente psicanálise, e não outra coisa.[18] Na prática do consultório,

[18] Diferentemente de terapias de suporte, de apoio, psicoterapias, terapias cogni-

não a distingo da análise de qualquer outro paciente, pois penso que para um analista ajudar um outro indivíduo a tornar-se ele mesmo,[19] o próprio analista tem de ter se encontrado (pelo menos de modo razoável) consigo mesmo e ter a condição de se acolher e se aceitar por aquilo que de fato é, e não por aquilo que se espera dele, e muito menos o que seu analista ou uma instituição psicanalítica esperaria que ele fosse. Surpreendentemente, penso que somente aqueles que têm respeito e consideração por aquilo que efetivamente se percebem ser podem oferecer isso a outrem e desenvolver real capacidade ético-civilizatória, o que distingo totalmente de algo moralista ou normativo.

Uma das maiores dores a ser experimentada em uma análise é a de nos descobrirmos mais um, tal como nosso insignificante planeta vagando pela imensidão do Cosmos, cuja existência, ou não, não fará qualquer diferença no universo. Para a quase totalidade da humanidade, nossa existência é irrelevante e sequer será notada. Todavia, somos únicos e insubstituíveis para nós mesmos, e podemos ver que melhor partido podemos tirar daquilo que dispomos, a despeito de não sermos deuses, semideuses, arautos dos deuses. Pode ser um alívio não ter de cumprir um destino supostamente grandioso e esmagador como o de um Aquiles ou de um Eneias. Na *Odisseia*, o primeiro, ao ser visitado no Hades por Odisseu, disse que seria melhor ser o último dos escravos e estar vivo a ser a sombra do que lá se tornara ao trocar a longa e feliz vida que poderia ter escolhido pela brevíssima e turbulenta que optou para ser lembrado pela eternidade.

---

tivas, psiquiatria, e tantas outras práticas que podem ser com elas confundidas, visto que o nome Psicanálise tem sido apropriado por todo tipo de "praticantes", até mesmo por membros de seitas religiosas que dela querem se apropriar, mas distorcendo e corrompendo completamente sua essência.

19 Ver Castelo Filho (2020).

Penso que o trabalho psicanalítico não tem qualquer propósito de modificar a natureza e as características de um analisando, mas pode ajudá-lo a desenvolver recursos mentais e emocionais para negociar e administrar essas características ao reconhecê-las como próprias – à medida que sejam percebidas na mente, adquiram consciência, tornando-o capaz de pensar antes de agir, não para se livrar de si mesmo ou curar-se de quem ele é, mas para ter condição de gerenciar suas potencialidades, de modo que lhes sejam mais favoráveis e para ter a melhor qualidade de vida que puder alcançar, reconhecendo sua verdadeira natureza e tirando o melhor partido que for possível dela. Como mencionei, é a proposta de Bion (1991a) em *A memoir of the future*, em que o analista intermedeia e apresenta aspectos diferentes, antagônicos e controversos de um indivíduo para ele mesmo. Nessa intermediação, ele também conversa e negocia com seus próprios aspectos internos, de maneira que, ao final, não existe uma cura, mas uma eventual possibilidade de conversa entre os diferentes grupos e dimensões internas que possam ter um resultado criativo e, por conseguinte, sempre há um potencial de turbulência por ser criativo, como o próprio livro o é.

Tenho como modelo um artigo que li em um jornal em que um empreendedor trouxe da França um importante enólogo porque tinha a intenção de plantar vinhas em uma terra no sul de Minas Gerais que parecia propícia a esse cultivo. Com a chegada do enólogo, informou-o que pretendia plantar certa qualidade de uva porque tinha por meta produzir um tipo específico de vinho. O enólogo retrucou que não era ele, o empreendedor, que iria decidir o tipo de vinho que iria produzir, mas o terreno dele, o *terroir* que faria isso. Sendo assim, orientou para que fossem plantadas diversas cepas de uvas no terreno para ver qual se adaptaria e se desenvolveria de maneira proveitosa naquela terra específica, que seria quem decidiria o encaminhamento. Lembro-me também de que os vinhos do vale do Douro se desenvolvem em terreno tremendamente difícil, escarpado e inadequado para outros cultivos. O reconhecimento da natureza real e não daquela que deveria existir, ou ser certa, é o que pode resultar em bons frutos.

Outro modelo que também me ocorre, aproveitando-me de um mencionado por Freud (Princípio do Itzig[20]): podemos descobrir que, montados em um cavalo fogoso e arisco, o melhor a fazer seria não achar que podemos decidir qual rumo dar a ele, para que pelo menos possamos desenvolver suficiente destreza, com base no reconhecimento de suas características e não cair dele, e talvez tornarmo-nos capazes de aproveitar o galope.

"Wishing you all a Happy Lunacy and a Relativistic Fission..."[21] (Bion, 1991a, p. 578).

Referências

Berthelsen, D. (1996). *Dia a dia com a família Freud: depoimentos da governanta Paula Fichtl*. Civilização Brasileira.

Bion, W. R. (1967). *Estudos psicanalíticos revisados*. Imago.

Bion, W. R. (1980). *Bion in New York and São Paulo* (pp. 106-107). Clunie Press.

Bion, W. R. (1991a). The dawn of oblivion (Book 3). In W. R. Bion, *A memoir of the future*. Karnac.

Bion, W. R. (1991b). *The dream* (Book 1). In W. R. Bion, *A memoir of the future*. Karnac.

---

[20] Deixando-se levar pelo inconsciente (o cavalo), em vez de a ele se opor, Freud chegou à Interpretação dos Sonhos.

[21] Desejo a todos uma Feliz Loucura e uma Fissão Relativística... (seria uma possível tradução).

Bion, W. R. (1991c). *The past presented* (Book 2). In W. R. Bion, *A memoir of the future*. Karnac.

Castelo Filho, C. (2020). *A psicanálise do vir a ser*. Blucher.

Freud, S. (1978a). The ego and the id. In S. Freud, *The standard edition of the complete psychological works of Sigmund Freud* (Vol. 19). Hogarth. (Trabalho original publicado em 1923)

Freud, S. (1978b). The occurrence in dreams of material from fairy tales. In S. Freud, *The standard edition of the complete psychological works of Sigmund Freud* (Vol. 12, pp. 281-287). Hogarth. (Trabalho original publicado em 1913)

Freud, S. (2019). *Manuscrito inédito de 1931*. Blucher.

Freud, S., & Oppenheim, D. E. (1978). Dreams in folklore. In S. Freud, *The standard edition of the complete psychological works of Sigmund Freud* (Vol. 12). Hogarth Press. (Trabalho original publicado em 1911)

Homer. (1970). *Iliad* (S. Butler, Trad.). Barnes & Noble.

Homero. (2002). *Odisseia* (C. A. Nunes, Trad.). Ediouro.

Hopkins, L. (2006). *False self – The life of Masud Khan*. Other Press.

Martel, F. (2019). *In the closet of the Vatican*. Bloomsbury Continuum.

Roudinesco, E. (2014). *Sigmund Freud em sua época e em nosso tempo*. Zahar.

Virgílio. (2016). *Eneida* (C. A. Nunes, Trad., 2a ed.). Editora 34. (Trabalho original publicado em 19 a.C.)

6. Entre memórias do passado e memórias do futuro

Beijando teus lindos cabelos
Que a neve do tempo marcou
Eu tenho nos olhos molhados
A imagem que nada mudou
Estavas vestida de noiva
Sorrindo e querendo chorar
Feliz, assim
Olhando para mim
Que nunca deixei de te amar[1]

Em trabalho anterior (Castelo Filho, 2019), mencionei a experiência que tive quando jantava com um colega e amigo em Brasília após fazer uma conferência naquela cidade. Olhando para a mesa que se

1 Música de Roberto Martins e Mario Rossi a ser ouvida na arrebatadora interpretação de Maria Bethânia.

encontrava ao lado da nossa, percebi um senhor na minha diagonal e eu enxergava suas costas e parte de seu perfil. Tive a sensação de que o conhecia de algum lugar. Subitamente um susto! Era meu reflexo que eu via em um espelho de parede inteira que dava a impressão de ser uma extensão da sala do estabelecimento. O tal do senhor era eu! O que tinha em meus registros como sendo eu mesmo não correspondia àquele que o reflexo revelava. O presente e o futuro ali se apresentavam para minha consideração. Aquele que eu fora não estava mais lá. Paradoxalmente, permanecia existindo algo em mim que me comunicava que, a despeito da novidade, eu permanecia sendo eu mesmo apesar de não ser o mesmo. Havia um invariante na variação.

Há cerca de 35 anos, durante o lançamento de um livro para o qual contribuiu com um capítulo, ouvi Frank Julian Philips, analista didata da SBPSP oriundo da Inglaterra, que se analisara com Melanie Klein e Wilfred Bion, e que foi uma das pedras fundamentais de nossa sociedade, sentado à mesma mesa em que eu me encontrava no Bar Balcão[2] em São Paulo, comentar, com seu forte sotaque britânico, um vestido que se encontrava na vitrine de uma loja de roupas femininas na esquina diagonal à do bar. Ao lado dele estava sua esposa Alba. Ele disse que o vestido era muito bonito. Acrescentou que, aos oitenta e tantos (acho que eram 85 ou 86) anos de idade, quando via uma moça bonita o que sentia por dentro era o mesmo que quando ele tinha vinte. Não havia mudado nada a experiência, apesar de ele ter mudado muito.

Observo em diversos pacientes uma fortíssima angústia que muitas vezes chega a beirar o terror quando mudanças vão ocorrendo em seus modos de se comportar ou de olhar os fatos da realidade que os circunda. As reações que experimentam em relação a eles que não são mais as mesmas de antes. Ainda que se sentindo mais livres ou ágeis no lidar

---

2 Tradicional ponto de encontro de intelectuais e de grupos ligados às artes que provavelmente deixará de existir em breve, vítima da especulação imobiliária que se espalha como fogo pela cidade de São Paulo.

com as situações, veem-se muito assustados e com medo de estarem perdendo algo fundamental. Dei-me conta de que para muitos deles essa mudança seria vivida da mesma forma que o Alferes do famoso conto "O Espelho" de Machado de Assis experimentou ao ficar alguns dias sem seu uniforme habitual. Ao mirar-se no espelho, não conseguia se enxergar. Só recuperou sua forma no instante em que envergou sua farda novamente. A angústia dos pacientes seria a de despersonalização, uma vez que ficassem sem suas conhecidas e habituais angústias "neuróticas" ou "psicóticas" pelas quais se reconheciam. Aquela pessoa nova, diferente da que eram habituados, mais confortável na própria pele, não era reconhecida como sendo própria. Tentavam se agarrar a modos antigos (incluindo o desespero) e procuravam se imitar dos tempos passados na tentativa de não desparecerem, pois não percebiam que algo invariante permaneceria neles apesar de tudo mudar. Agarravam-se nas memórias de quem foram em passado remoto ou recentíssimo pelo medo de que, se perdessem essas referências, não existiria algo neles que continuaria.

Minha vivência em Brasília e no meu cotidiano ao me ver no espelho todas as manhãs é que vou mudando, mas algo também permanece. Reconheço-me naquele novo que o reflexo me informa ao mesmo tempo que o estranho. O mesmo poderia se dizer da narrativa de Philips naquela distante noite no bar Balcão. Ele era um senhor de cabelos brancos e um jovem de vinte anos que continuava nele.

Também verifico angústia similar, mais frequentemente em mulheres bonitas, mas também presente em muitos homens, que temem o passar do tempo e a perda dos atrativos pelos quais são reconhecidos. A beleza é confundida com a identidade e seu desaparecimento é igualado ao provável aniquilamento da própria pessoa, que não continuaria ou não se reconheceria naquela nova com marcas do tempo que vai se apresentando.[3]

---

3 Quando fazia meu mestrado, cumprimentei a mãe de um colega da universidade

Como contraponto, tenho em mente as atrizes Fernanda Montenegro, Nathalia Timberg, Catherine Deneuve, entre outras, que continuam presenças fortes e insubstituíveis nos palcos e telas com as marcas que o tempo lhes presenteou.

No belíssimo filme *A Juventude* (2015), de Paolo Sorrentino, com os veteranos e sempre talentosos Michael Caine, Harvey Keitel, Jane Fonda e a bem mais jovem Rachel Weisz, há uma cena emblemática. Jane, no filme, é uma atriz decadente de Hollywood, caracterizada como uma Marilyn Monroe envelhecida, quase caricatural. Na referida cena, a câmera dá um super close no rosto da grande atriz que revela, apesar dos artefatos cosméticos utilizados, a pele toda craquelada. Jane sempre cultivou a forma e a aparência e nunca negou isso. Ao mesmo tempo, sua aparição no filme rouba a cena exatamente pela coragem de expor as marcas do tempo na grande estrela. A pele é envelhecida, mas sua atuação é de um vigor extraordinário.

Na divertida série *Grace and Frankie*,[4] coestrelada por Lily Tomlin, Martin Sheen e Sam Waterson, Fonda e companhia fazem humor com a questão do envelhecimento em diversas situações hilárias, entre elas, a produção de vibradores eróticos para mulheres de terceira idade e a de um vaso sanitário (*rise-up*) que auxilia o usuário ou usuária com dificuldades de locomoção a se levantar dele quando terminadas as necessidades. Em outra passagem marcante da série, contracenando com o personagem mais jovem, interpretado por Peter Gallagher, que quer se casar com ela, a quase octogenária Jane da época em que foi realizada a filmagem despoja-se diante das câmeras e do pretendente de todos os artifícios que a tornariam glamourosa. Tira os apliques do

---

que era uma senhora muito bonita e elegante. Elogiei esses seus atributos. Ela devia ter uns 70 anos. Ela me respondeu: "Bom mesmo era quando eu tinha 15 anos e uma vez quando atravessava a Avenida São Luís na direção da Biblioteca Municipal um motorista entrou com o carro num poste porque se distraiu para me olhar. Hoje, não tem mais ninguém entrando em poste por minha causa!".

4 Sete temporadas, 94 episódios, Netflix.

cabelo, os cílios postiços, toda a maquiagem e pergunta se ele ainda a quer mesmo, vendo-a como de fato é. Na série, Gallagher persiste no seu interesse e eu, como expectador, fico cada vez mais fascinado por Jane, cuja presença já era impactante desde *Barbarella* (1968[5]), de Roger Vadim. Há uma personalidade, uma alma, algo característico e insubstituível que a mantém atraente por mais que o tempo passe.

Para Fonda e Tomlin, a passagem do tempo não as despersonaliza, acrescenta algo precioso que sustenta a perda do viço da juventude.[6] Os demais protagonistas também estão ótimos em seus divertidos papéis que falam de coisas tão relevantes relacionadas à transitoriedade de tudo e o que lhes espera no futuro próximo. Entre as coisas fundamentais, está o reconhecimento de que o tempo é finito e que é preciso viver o presente, o que implica o abandono de modos de viver há muito mantidos, mas que impedem de usufruir o que há da única vida que realmente sabemos ter.

Em seguida, relato algumas vinhetas clínicas. Deixo claro que considero que toda reconstituição da memória, mesmo aquelas que se pretendam as mais fidedignas e documentadas, o que *certamente não é o caso aqui*, são sempre ficções. As vinhetas clínicas devem ser tomadas como modelos ficcionais estimulados por fatos, assim como foram os personagens da *Recherche* de Proust, e não devem ser confundidas com verdades ou pessoas históricas.[7] O que importa efetivamente é se essa ficção pode nos fazer ver e realizar quais são as realidades que

---

5 Vi nos anos de 1980, pois em 1968 eu só tinha 9 anos e o filme fez escândalo pela carga erótica que continha, inédita para a época de seu lançamento. Totalmente inacessível para um garoto. Penso que hoje em dia pode passar tranquilamente à tarde na TV.

6 Também penso nos sempre jovens octogenários ou mesmo nonagenários como Ary Fontoura, Ney Matogrosso, Caetano Veloso, entre outros.

7 A personagem Duquesa de Guermantes foi inspirada em diversas personalidades reais como a Condessa Grefuhle, a Condessa de Chévigné, a Duquesa de Gramont, entre outras, sem, no entanto, corresponder literalmente a nenhuma delas.

pretendem transmitir. No seu livro *War Memories*, Bion (2015) faz uma minuciosa narrativa de sua experiência na I Guerra Mundial após seu ingresso na Universidade de Oxford nos anos de 1920. Todavia pensa que um sonho seu, anos depois, em que se via angustiado tentando escalar uma colina de barro que se liquefazia, representava muito mais realística e vividamente a verdadeira experiência da guerra do que muitas das páginas detalhadas que havia escrito naquele relato.

Há muitos anos, um cliente se queixava insistentemente, sessão após sessão, da infelicidade de seu casamento. Todavia, não conseguia admitir o fim do relacionamento por mais desventuras que sofresse com a esposa. Relatava graves distúrbios de comportamento e de caráter por parte dela desde o início da relação. Entretanto, logo feitos os relatos dolorosos, tentava convencer-se de que provavelmente suas expectativas eram demasiadas e que deveria insistir mais um pouco para que tudo desse certo, tentando desacreditar sua experiência que frustrava um sonho de família de filme de Walt Disney que nutria com ardor.

Comentei que aquilo que realmente pranteava era verificar que a realidade era soberana, que a vida nunca seria conforme seus projetos e que se irritava por verificar-se sem ter o poder de fazer seus desígnios se tornarem fatos por mais que insistisse neles em sua imaginação. Ele próprio não era e não se tornaria como queria ser – ou seja, não tinha o poder de transformar seus pensamentos em realidade. No máximo, poderia usar sua capacidade de pensar para lidar com os fatos que a vida lhe apresentava – tanto para aproveitar as oportunidades quanto para administrar realisticamente as adversidades que surgissem.

Muitos pacientes que iniciam uma análise têm a ideia de que psicanálise está relacionada a descobrir traumas do passado para resolver a neurose do presente. Têm a tendência de procurar nas suas memórias a explicação para seus tormentos. A necessidade de encontrarem uma explicação os leva a narrar supostos episódios de suas infâncias que já vêm com a convicção de que esse ou aquele evento são a "causa" de seus sofrimentos. Proponho que, se essas explicações tivessem alguma utilidade, não estariam ali, pois seus tormentos já teriam sido solucionados e sugiro que passem a observar a experiência que estão vivendo no presente, na sala do consultório e aquilo que experimentam quando se encontram comigo.

Uma situação que é comum é a queixa de constantes frustrações e desilusões em relacionamentos amorosos, de amizade e profissionais. Ao chamar a atenção para o que se passa na sessão, muitos partem da convicção de que já sabem com quem estão e onde estão. Costumo pedir que descrevam a pessoa que encontraram na sala, como reagem à percepção dela e também do próprio ambiente.

A ideia de que já sabem quem é o analista impede de verificarem na experiência quem é aquele com quem se encontram a cada dia. Quando dizem que eu sou o mesmo que sempre veem, ressalto a gravidade dessa convicção, pois certamente não posso ser o mesmo de sempre. Não posso sequer ser o mesmo do dia anterior. Se tive experiências de um dia para o outro, não é possível que eu seja mais igual. Nem as células do meu corpo são mais as mesmas. Se pode haver invariantes, é necessário, no entanto, considerar as alterações. O que impede, por exemplo, que eu tenha enlouquecido de um dia para outro? Se o analista de hoje está louco e aquele de ontem ou do ano passado com quem está se relacionando não estava, o analisando pode estar correndo um sério risco. O mesmo pode ser dito em relação ao analista. Se ele estiver em contato com o analisando de sessões pretéritas, pode igualmente estar sob grave ameaça sem perceber.

Em uma sessão em que insisti para uma analisanda que me descrevesse a sala do consultório que era tão óbvia para ela que sentia ser ridícula minha sugestão, a contragosto começou a fazê-lo. Logo no começo da narrativa, ela disse que determinado quadro de razoáveis proporções devia ser novo, pois ainda não o tinha visto. Eu respondi que sempre estivera lá e que, apesar de estar praticamente diante de seus olhos, nunca o vira antes de se dar o trabalho de observar onde e com quem realmente estava. Ela partia de um *a priori* de que sabia quem eu era. O mesmo se dava em relação ao consultório. Somente após minha insistência para que usasse sua observação e não suas ideias e convicções, viu o quadro de consideráveis dimensões. Comentei que isso também deveria acontecer com as pessoas com quem se encontrava, logo dando por sabidas quem elas eram para depois se espantar, pela sequência dos eventos, por não corresponderem a nada do que havia esperado.

Um tanto desnorteada, reconheceu que tinha verdade no meu comentário, que fazia sentido, percebia que era isso mesmo, porém não entendia.

Eu comentei que isso era o relevante, ela sentir, viver a situação – que sentimentos não obedecem à lógica e que ela pudesse observar aquilo que realmente vivia e não o que seria esperado, lógico ou certo viver. Ela estar atenta aos fatos que aconteciam no momento presente era algo decisivo não só para o que estava se passando ali como para tudo o mais na sua vida. Era, inclusive, uma questão de sobrevivência, de vida ou morte. Ao orientar-se sem levar em conta a experiência do momento e o que realmente verificava por meio dela, do meu ponto de vista, deixava-a fora do jogo real.

Também propus a um paciente jovem, igualmente muito afeito a dar explicações de seus sofrimentos por meio de teorias de toda sorte, que considerasse o que seus órgãos dos sentidos estavam lhe informando enquanto conversávamos. Descreveu, surpreendido, uma imagem que captava através das janelas do consultório que resultava de um jogo de sombras projetadas no edifício no outro lado da rua. Disse que via uma imagem muito bonita. Ao deslocar meu olhar dele no divã para o que estaria visível pelas janelas, fui tomado por uma emoção de embevecimento. Realmente a visão era linda. Chamou-me a atenção, contudo, que ele salientou as sombras na imagem, ao passo que, para mim, ao vê-la, o que se destacou foi a luz, como ela incidia, com as sombras como moldura e não como figura principal. Disse-lhe que aquilo que vivíamos naquele instante era o que eu considerava ser realmente psicanálise. A insubstituível colaboração dele com suas percepções genuínas de apreciável qualidade estética e não de almanaque psicanalítico permitiu-me ter uma perspectiva complementar à sua. Onde ele viu X, eu vi Y, mas as duas visões eram inseparáveis tal como nas imagens complementares de perspectiva reversa,[8] tão mencionadas por Bion. Pôde, dessa forma, haver um encontro genuíno, real, a formação de um par criativo, um acasalamento que pode produzir rebentos.[9]

---

8 Como as clássicas em que ora se vê um vaso ora dois perfis, ora se vê uma velha, ora se vê uma moça.

9 Observando-se com atenção, ficam evidentes teorias internalizadas e realizadas na prática clínica. Quanto à transferência (se ficarmos com a proposta clássica de Freud e Klein), posso supor que os pacientes provavelmente não puderam contar com suas mães ou familiares com suficiente continência mental para acolher e digerir as identificações projetivas (Klein) feitas por eles quando bebês ou crianças pequenas. Isso posto, repetem com o analista, não como uma lembrança recalcada, mas como pensamentos em busca de um pensador para formulá-los, comportamentos apresentados, porém não assimilados por seus pais, desde os primórdios de suas existências (a compulsão à repetição poderia ser vista como a recorrente apresentação de um problema, de uma pergunta, que ainda não encontrou um esclarecimento). Um *splitting* forçado (Klein/Bion) teve de ser feito entre os cuidados materiais necessários para a sobrevivência e os cuidados mentais que não puderam ser oferecidos, ou foram oferecidos de modo precário. Sem o *reverie* (Bion) da mãe ou dos responsáveis, as experiências emocionais de bebês e crianças, ou mesmo de adultos, não puderam alcançar representação psíquica e podem ter ficado para eles como terrores sem nome (Bion). Não se tornando propriamente mentais (elementos alfa, sonhos, narrativas, mitos e os demais elementos das linhas da grade de C para H), manifestam-se como *acting-in* ou *acting-outs* na expulsão de elementos beta (Bion) com a mente procurando desfazer-se de sobrecargas que lhe são excessivas e intoleráveis (Freud, 1911/1978). O nunca representado não se manifesta por meio de associações livres, ou aquilo que pode parecer associações livres –, mas, na realidade, são atuações com finalidade de evitar contato com a realidade psíquica não sensorial,

Na Conferência Brasileira 1, de 1973, em São Paulo, Bion menciona o evento histórico do cemitério da cidade de Ur na Mesopotâmia. Quando da morte do rei, toda a sua corte entrou junto com ele na sua tumba e teria tomado, em um cerimonial religioso, uma substância

---

sentida, mas não sofrida na dimensão psíquica propriamente, como assustadora ou insuportável – são manifestações da coluna 2 da grade de Bion (*Elements of Psychonalysis*) ou formulações em -K (menos conhecimento), conforme podemos ler em *Learning from experience* (Bion, 1977a). O afastamento de memórias e desejos (Bion) permitiria um verdadeiro estado de atenção flutuante (Freud) por parte do analista. A tolerância à escuridão e a existência de tolerância à frustração (Freud), de uma capacidade negativa (Keats/Bion) permite o desenvolvimento da capacidade para pensar os pensamentos (Freud/Bion). O analista precisa desenvolver essa capacidade negativa ao maior nível possível, e isso só é factível com sua própria análise pessoal, que deve ser a mais longa, intensa e profunda. O surgimento de um fato selecionado (Poincaré/Bion) precipita a percepção de uma conjunção constante de elementos e a oscilação da posição esquizoparanoide para depressiva (logo levando a outra vivência esquizoparanoide por se adentrar em universo expandido, por conseguinte, novo e desconhecido – como a belíssima e fugaz imagem no teto). A Terra percebida como esférica é a que sempre existira, porém tornou-se um mundo desconhecido, nunca visto antes (assim sendo, temeroso e persecutório). A oscilação na direção da posição depressiva conjuga, acasala, elementos até então não percebidos como relacionados – o seio bom e o seio mau são percebidos como o mesmo e único objeto, permitindo o surgimento da simbolização-representação psíquica. Coisas diferentes podem ser correlacionadas ou percebidas como representantes uma da outra e vice-versa. Esse acasalamento, a conjugação de elementos antes separados, corresponde à cena primária, à cópula, e só poderá ser alcançada com a tolerância dos sentimentos de inveja, ciúme, rivalidade, culpa, depressão e tendência à reparação do par conjugal atacado em fantasia (a paciente reconhece, contém e metaboliza a hostilidade ao analista e ao par que a teria antecedido e àquele que formava com o analista em seguida). A abstração da cena primária e do casal edípico (Freud) para os conceitos de continente e contido e sua formulação em termos ainda mais desprovidos de sensorialidade que permitiria o encontro de realizações nunca pensadas a partir dos elementos originais da primeira realização – o casal parental em relação, o seio com a boca, o pênis com a vagina – pelos símbolos ♀♂, e assim por diante: nada disso deve ser lembrado ou buscado para o entendimento do que se passa na sessão. O analista precisa "ser", e não entender ou lembrar, a teoria (Philips, 1997).

narcótica, sendo enterrada viva junto com o soberano. Considero que Bion fazia analogia, durante a conferência, à postura dogmática e religiosa diante dos ícones e teorias psicanalíticos. Dessa forma, os psicanalistas, em vez de funcionarem como cientistas em busca do desconhecido e/ou do questionamento de "verdades estabelecidas", acabam se enterrando mentalmente na tumba de seus reis e de suas escrituras, com a morte da psicanálise a despeito das aparências.[10]

Certamente Bion não é contra as teorias e muito menos contra o aprofundado estudo e conhecimento delas. Está evidente em tudo o que escreveu e apresentou seu profundo conhecimento das obras de Freud, Klein, todos os psicanalistas seus contemporâneos, assim como vastíssimos conhecimentos filosóficos, históricos, literários, matemáticos etc. Ele se opõe é ao uso aplicativo e dogmático de teorias tornadas verdades definitivas sem teste da experiência, que são automaticamente forçadas naquilo que é observado quando não muito frequentemente substituem por completo à observação dos fatos. Considero que as teorias precisam ser conhecidas e esquecidas para se tornarem preconcepções que encontrem realizações.[11] Quando teorias deixam de encontrar realizações, devem ser abandonadas ou revistas. As preconcepções não são memórias. Esquecidas, podem evolver durante um atendimento. Assim como sugere Bion, um músico deve conhecer bem as escalas e ter entranhado em si a teoria musical para que na hora do recital a música surja e não as escalas e solfejos. O que importa é se a teoria é um método para se procurar a coisa real, a coisa em si, o "O" como ele denominou em *Transformações* (1977b), e não um substituto para essa experiência.

---

[10] Na mesma conferência, disse que os primeiros cientistas teriam sido os saqueadores da tumba uns cinco séculos após o enterro. Eles não ficaram submetidos às ameaças funestas que prediziam incomensuráveis punições dos deuses a quem ousasse mexer com os mortos e seus bens e ousaram penetrar onde ninguém mais se atrevia.

[11] Ver Bion (1977a) em *Learning from experience.*

No seminário italiano 1, de 8 de julho de 1977 – e também já mencionado no Capítulo 3 –, ele conta que Melanie Klein estava aborrecida por ser rotulada de kleiniana. Betty Joseph, contudo, disse para ela: "Tarde demais. Quer você goste ou não, você é kleiniana". Segundo Bion, Klein não conseguiu escapar e vestiu a carapuça. Sob a pressão de sua própria cria mental, tornou-se mais e mais dogmática e "cada vez mais distante de ser capaz de chamar atenção para os méritos de certas ideias que mereceriam uma chance para crescer e se desenvolver".

Cito literalmente Bion nesse seminário:

> *Isso nos importa quando formos ver nosso paciente amanhã. Penso que é útil esquecer todas as nossas teorias e os nossos desejos porque eles são tão obstrutivos que se tornam uma impressionante cesura que não conseguimos transpor. O problema é como permitir que o germe de uma ideia, ou germe de uma interpretação, possam ter a chance de se desenvolver. (Bion, 2005, p. 12, tradução livre do autor)*

Finalizo neste ponto. Havia pensado em digressar sobre o texto "Notas sobre memória e desejo" e o livro *Uma memória do futuro*, de Bion, que, evidentemente, estão impregnados no que acabo de escrever. Recomendo que vão direto à fonte e leiam essas preciosidades.

Referências

Assis, M. (n.d.). O espelho. In: *Contos escolhidos*. O Estado de São Paulo e Klick Editora. (Trabalho original publicado em 1896)

Bion, W. R. (1975). *Conferências brasileiras 1*. Imago.

Bion, W. R. (1977a). Learning from experience. In: *Seven servants: four works by Wiflred R. Bion*. Jason Aronson. (Trabalho original publicado em 1962)

Bion, W. R. (1977b). Elements of psychoanalysis. In: *Seven servants: four works by Wiflred R. Bion*. Jason Aronson. (Trabalho original publicado em 1963)

Bion, W. R. (1977c). Transformations. In: *Seven servants: four works by Wiflred R. Bion*. Jason Aronson. (Trabalho original publicado em 1965)

Bion, W. R. (1981). Notes on memory and desire. In: R. Langs (Ed.). *Classics in psychoanalytic technique* (pp. 259-260). Jason Aronson. (Trabalho original publicado em 1967)

Bion, W. R. (1991). *A memoir of the future*. Karnac.

Bion, W. R. (2005). *The Italian seminars*. Karnac.

Bion, W. R. (2015). *War memories* (2a ed.). Taylor & Francis.

Castelo Filho, C. (2019). O estranho, o duplo, e a possibilidade de uma relação amorosa genuína. *Jornal de Psicanálise, 52*(97), 51-66.

Freud, S. (1978). *Complete works*. Hogarth.

Freud, S. (1978). Dois princípios do funcionamento mental. In *Standard edition* (Vol. 12). London. (Trabalho original publicado em 1911).

Klein, M. (1980a). Notes on some schizoid mechanisms. In *Envy and gratitude and other works: 1946-1963*. Hogarth. (Trabalho original publicado em 1945)

Klein, M. (1980b). The origins of transference. In *Envy and gratitude and other works: 1946-1963*. Hogarth. (Trabalho original publicado em 1952)

Philips, F. J. (1997). *A psicanálise do desconhecido*. Editora 34.

Proust, M. (1954). *A la recherche du temps perdu.* (7 vols.). Gallimard. (Trabalho original publicado entre 1913 e 1927)

Sorrentino, P. (Diretor). (2015). *A juventude* [filme]. Nicola Giuliano, Francesca Cima, Muriel Sauzay, Stephen Woolley.

Taylor, T., & Winant, S. (Diretores). (2015). *Gracie and Frankie* [série]. Netflix.

Vadim, R. (Diretor). (1968). *Barbarella: queen of the galaxy* [filme]. Dino de Laurentiis.

Sobre o autor

Analista didata e membro efetivo da Sociedade Brasileira de Psicanálise de São Paulo. Psicólogo pela Universidade de São Paulo (USP), mestre em psicologia clínica pela Pontifícia Universidade Católica de São Paulo (PUC-SP), doutor em Psicologia Social e professor livre-docente em Psicologia Clínica pela USP. Autor dos livros *O processo criativo: transformação e ruptura* e *A psicanálise do vir a ser*; coautor e organizador do livro *Sobre o feminino*, todos pela Editora Blucher. É o atual editor da *Revista Brasileira de Psicanálise* (da Federação Brasileira de Psicanálise – Febrapsi). Tem artigos publicados em livros e periódicos científicos no Brasil, na Itália e nos Estados Unidos. Também é artista plástico – pintor e desenhista – com exposições e publicações no Brasil, na Alemanha e no Reino Unido. Instagram @claudiocastelofilhopinturas

GRÁFICA PAYM
Tel. [11] 4392-3344
paym@graficapaym.com.br